El arte de comunicarnos
es editado por
EDICIONES LEA S.A.
Av. Dorrego 330 C1414CJQ
Ciudad de Buenos Aires, Argentina.
E-mail: info@edicioneslea.com
www.edicioneslea.com

ISBN 978-987-718-370-2

Segunda edición.
Impreso en Argentina.
Esta edición se terminó de imprimir en
Abril de 2016 en Arcángel Maggio-División libros.

Anzorena, Oscar R.,
    El arte de comunicarnos / Anzorena, Oscar R.. - 2a ed. - Ciudad
Autónoma de Buenos Aires : Ediciones Lea, 2016.
    256 p. ; 23 x 15 cm. - (Emprendedores ; 11)

    ISBN 978-987-718-370-2

    1. Coaching. 2. Comunicación. 3. Comunicación en la Empresa. I. Título.
    CDD 658.45

Oscar Anzorena

EL ARTE DE COMUNICARNOS

CONCEPTOS Y TÉCNICAS PARA UNA COMUNICACIÓN INTERPERSONAL EFECTIVA

EDICIONES
Lea

Señor, ayúdame a decir la verdad delante de los fuertes
y a no decir mentiras para ganarme el aplauso de los débiles.

Si me das fortuna, no me quites la razón.
Si me das éxito, no me quites la humildad.
Si me das humildad, no me quites dignidad.

Ayúdame siempre a ver el otro lado de la medalla.
No me dejes inculpar de traición a los demás
por no pensar igual que yo.
Enséñame a querer a la gente como a ti mismo,
y a no juzgarme como a los demás.

No me dejes caer en el orgullo, si triunfo.
Ni en la desesperación, si fracaso.
Más bien recuérdame que el fracaso
es la experiencia que precede al triunfo.

Enséñame que perdonar es lo más grande del fuerte
y que la venganza es la señal más primitiva del débil.

Si me quitas el éxito, déjame fuerza para triunfar del fracaso.
Si yo faltara a la gente, dame valor para disculparme.
Y si la gente faltara conmigo, dame valor para perdonar.

Señor, si yo me olvido de ti,
no te olvides nunca de mí.

Mahatma Gandhi

Índice

Introducción

> "Una vez que el ser humano llega a este mundo,
> la comunicación es el factor más importante
> que afecta la salud de una persona
> y sus relaciones con los demás".
> **Virginia Satir**

Lo invito a reflexionar... si usted hiciera una mirada retrospectiva de su vida y tuviera que elegir la acción más importante y trascendente que ha realizado en el transcurso de su existir ¿Qué elegiría?

Yo me he formulado esta pregunta y la respuesta que me he dado es que la acción más significativa, la que ha tenido un fundamental impacto en todos los ámbitos de mi vida, ha sido la comunicación que he establecido con otras personas.

No hay nada que haya hecho o logrado que no esté signado por la comunicación con un otro. Con mis padres, hijos, amigos, parejas, colegas, maestros o alumnos. Desde una conversación íntima, hasta transmitir una experiencia, realizar un aprendizaje, declarar mi amor, proyectar un viaje, compartir una comida, planificar un proyecto o comprar mi casa. Todos los acontecimientos significativos o que han dejado alguna huella en mi existir están atravesados por el vínculo y la comunicación con alguna otra persona.

Piense usted en la cantidad de acontecimientos importantes que ha generado a través de sus conversaciones. Amistades, proyectos u oportunidades laborales se han iniciado con una conversación. Es por medio de nuestra comunicación interpersonal que realizamos gran parte de las acciones en nuestra vida. Cuando observamos y recapacitamos sobre todo lo que hacemos a través de nuestras conversaciones, emerge con claridad el carácter generador y transformador de la comunicación humana.

Todos los seres humanos interactuamos en redes de relaciones. Lo que nos es posible o dificultoso realizar depende en gran parte de la extensión y la calidad de nuestros vínculos. Un porcentaje importante de lo que nos es posible o imposible lograr, está en relación a los vínculos que conseguimos construir. **Nuestras conversaciones determinan la calidad de nuestros vínculos y por lo tanto expanden o restringen nuestra frontera de posibilidades.**

Tengo la profunda convicción de que la comunicación interpersonal es la actividad humana más importante y relevante que desarrollamos a lo largo de nuestra vida. Pero así también, tengo el convencimiento de que en numerosas ocasiones no poseemos los conocimientos ni las habilidades para desarrollar estas interacciones comunicacionales en forma efectiva. Es decir que generalmente no estamos preparados para desarrollar con efectividad las conversaciones que tenemos o que deberíamos tener, dada la importancia y trascendencia que las mismas tienen en nuestra vida, tanto a nivel personal como laboral.

Esta doble convicción, la de la importancia de nuestras conversaciones y la incompetencia que muchas veces tenemos para comunicarnos en forma efectiva, constituyó la motivación principal para escribir este libro. Me motivó el deseo de poner al alcance de todos el conocimiento adquirido a lo largo de tantos años dedicados a capacitar y entrenar a personas y equipos de trabajo en el arte de comunicarse en forma efectiva.

Cuando comencé a escribir este libro me formulé tres preguntas básicas: ¿cuál es el objetivo de este libro? ¿a quién está dirigido? y ¿qué puede obtener del mismo un potencial lector? Quiero compartir con usted las respuestas a estas tres preguntas.

¿Cuál es el objetivo de este libro? El libro se propone el desafío de plantear una visión integral de la comunicación humana y de brindar conceptos y técnicas para una comunicación interpersonal efectiva.

Hay una extensa bibliografía sobre el tema de la comunicación, pero la característica de estos libros es que cada uno de ellos enfoca en forma exclusiva algún aspecto de la misma, dejando de lado el resto de los factores que interactúan en el complejo proceso del intercambio comunicacional. Algunos centran su análisis en el hablar y el escuchar, otros en la comunicación no verbal y otros en el vínculo y la interacción. Este libro abarca todos estos aspectos, incorporando además el fenómeno de la percepción, el intercambio emocional, la dinámica relacional y las competencias conversacionales.

¿A quién está dirigido este libro? El libro está dirigido a todos aquellos que quieran mejorar sus vínculos personales con sus hijos, sus padres, amigos o pareja. A todos los que reconozcan el impacto que adquieren sus conversaciones en sus ámbitos laborales y en su desarrollo profesional. A quienes lideran equipos de trabajo, ejercen roles de conducción o tienen responsabilidades a nivel organizacional y advierten la importancia que tiene la efectividad comunicacional en el desempeño de su función.

Para quienes la comunicación representa su herramienta de trabajo y muy especialmente para mis colegas que desde la consultoría, la capacitación o el coaching trabajan cotidianamente acompañando y facilitando procesos de desarrollo de personas y equipos de trabajo.

Con respecto a quienes ejercen la profesión de coach o están en proceso de formarse en esta disciplina, estoy seguro de que encontrarán en este libro distinciones conceptuales que enriquezcan su formación profesional y les provean de herramientas que les permitan intervenir de forma más efectiva en sus sesiones de coaching.

¿Qué puede obtener de este libro un potencial lector? El libro le va a aportar una mirada novedosa sobre la comunicación humana, que le va a permitir tener en cuenta todos los elementos que se ponen en juego en forma simultánea en el complejo proceso de la comunicación interpersonal, posibilitando de este modo mejorar sus habilidades en el arte de la comunicación.

Hagamos un rápido recorrido a través de su contenido. El capítulo 1 presenta los diversos aspectos que conforman una visión integral de la comunicación humana y que serán desarrollados a lo largo del libro. En el capítulo 2 se introduce el concepto de "modelos mentales" y se aborda el análisis de la percepción como un proceso de construcción de sentido. El capítulo 3 está dedicado a la emocionalidad y al lenguaje no verbal. Incursiona en lo que implica el intercambio emocional y el vínculo de las emociones con la corporalidad. El capítulo 4 introduce una mirada sistémica y plantea la comunicación interpersonal como un "proceso de interacción", donde los participantes establecen una dinámica relacional en la que sus respectivos dichos y hechos impactan en el otro en un continuo y permanente proceso de influencias recíprocas. El capítulo 5 incursiona en un nivel más herramental, desarrollando las cinco competencias conversacionales: Hablar con poder, Escuchar en profundidad, Indagar con maestría, Entrar en sintonía y Conversar en forma constructiva. Se ilustra cada uno de los conceptos y técnicas con casos reales desarrollados en el marco de la formación profesional en Coaching Organizacional que dirijo en "DPO Consulting – Desarrollo Personal y Organizacional". El capítulo 6 plantea el rol de la comunicación en el proceso de acordar compromisos y coordinar acciones, y por último el capítulo 7 propone quince "Claves para una comunicación efectiva".

Vale aclarar que algunos ítems desarrollados ya estuvieron planteados en mi anterior libro *Maestría Personal, El camino del Liderazgo,* pero consideré que su inclusión en el actual texto era un hecho ineludible en la medida en que el objetivo del mismo es desarrollar una visión integral de la comunicación humana.

Por último, quiero invitarlos a su lectura asegurándoles que he puesto una especial atención en escribir el texto en forma clara y amena, de manera tal que sea accesible a cualquier persona sin el requisito de poseer conocimientos previos ni contar con una formación académica. La destreza con la que desarrollamos nuestras conversaciones y construimos nuestros vínculos, es en gran medida la clave para lograr nuestros objetivos y mejorar nuestra calidad de vida, y por lo tanto este conocimiento debe estar al alcance de todos.

Oscar Anzorena

Capítulo 1

Hacia una visión integral de la comunicación

> "La conversación es el proceso
> básico y esencial que desde siempre
> ha cohesionado a los seres humanos".
> **Peter Senge**

Generalmente se desconoce la importancia que tiene el hablar en nuestro desempeño laboral y se dicen frases tales como: *"el problema es que la gente habla mucho y trabaja poco"*, *"si hablamos menos, vamos a trabajar más"*, *"hay que dejar de conversar y ponerse a trabajar"*. Estas expresiones, que reflejan creencias profundamente arraigadas en ciertos sectores del mundo empresario, tienen su origen en el hecho de que durante muchas décadas, a lo largo de toda la era industrial, la base productiva de nuestra sociedad estuvo signada por el trabajo manual y la generación de bienes tangibles. Si bien esa sociedad tal cual la conocimos durante varios siglos ha dejado de existir, todavía perviven los paradigmas que rigieron su dinámica social.

En el mundo actual tendremos que generar nuevas teorías y concepciones que den cuenta de los diferentes desafíos que enfrentan las personas en los diversos ámbitos de su desempeño. En este sentido, plantear una **visión integral de la comunicación interpersonal** es una de las claves que nos va a posibilitar encarar cuestiones que van desde el desarrollo personal hasta la efectividad laboral.

De la teoría de la información a la acción

*"El lenguaje fue la primera tecnología,
pero como otras, no comprendida plenamente.
Las personas pensaron que era meramente
una herramienta para describir el mundo
y no sabían que era una herramienta para crearlo".*
Walter Anderson

Hace unos cuantos años, en una actividad de capacitación que conducía Rafael Echeverría, éste realizó un breve ejercicio que cambió mi comprensión acerca del lenguaje y la comunicación humana. Les pidió a los asistentes que mencionaran la acción más importante que realizaban en sus trabajos, la tarea por la cual se ganaban su sueldo. Rápidamente fue escribiendo un largo listado de acciones, tales como: *organizar, evaluar, comprar, controlar, asesorar, coordinar, capacitar, liderar, dirigir, gestionar, resolver, entrevistar, vender y cobrar.* Al analizarlas, surgió con claridad que todas ellas poseen un importante componente conversacional, es decir, que trabajamos y desempeñamos nuestras tareas hablando y conversando con otros. No es que además de trabajar conversamos, sino que trabajamos y accionamos a través de nuestras conversaciones. Y que al conversar estamos generando una realidad diferente, creando un mundo de posibilidades y de sentidos que antes de esa conversación era inexistente.

Y esto, que una vez que se analiza puede parecer obvio, ha pasado desapercibido hasta hace no mucho tiempo a todas las disciplinas que estudian la comunicación, el management y la gestión empresaria. Esto se debe a que el paradigma desde el que invariablemente se abordó el estudio y análisis de la comunicación, fue el de la "transmisión de la información".

> Al conversar estamos generando una realidad diferente, creando un mundo de posibilidades y de sentidos que antes de esa conversación era inexistente.

En 1948 Claude Shannon, un ingeniero en telecomunicaciones, publicó un trabajo bajo el título "Una Teoría Matemática de la Comunicación", dando origen a este marco conceptual conocido como *"modelo lineal de la comunicación"*. Esto es: un *Emisor* envía un *Mensaje a un Receptor* a través de un *Canal* (aire, papel, ondas hertzianas). Esto ocurre en una determinada situación o *Contexto* y el mensaje está inscripto en un determinado *Código* (idioma castellano, código Morse, etc.).

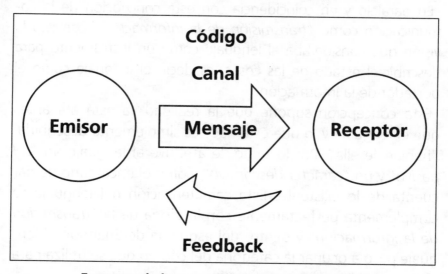

Esquema de la transmisión de la información

La claridad y simplicidad del esquema le valieron la popularidad de la que aún goza. Ocurre que Shannon, en los Laboratorios Bell, estudió los problemas de la transmisión a distancia en los circuitos electrónicos y fue el encargado de analizar los problemas de rendimiento de las líneas telegráficas. Esto hizo que se interesara más por el tiempo de ocupación de una línea o el número total de signos Morse transportados en la misma, que por el contenido o significado de las palabras intercambiadas. De ahí que planteó que el mensaje podía ser traducido por una magnitud que denominó *"información"*.

Esta teoría de la comunicación, con algunas variaciones que se le fueron introduciendo, fue tomada como válida por el conjunto de las ciencias sociales durante varias décadas. No obstante, cuando reparamos en que la comunicación humana, más allá de códigos y canales, está realizada por personas que perciben, interpretan y asignan sentidos a los "mensajes", empezamos a ver que el esquema no responde con tanta exactitud al fenómeno que pretende describir.

En paralelo y en coincidencia con esta concepción de la comunicación como *"transmisión de la información"*, convivió la visión que consideraba al lenguaje como un instrumento para describir el estado de las cosas, es decir, el lenguaje como el portador de la información.

Esta concepción supone que la realidad ya está ahí antes que el lenguaje y lo que éste hace es simplemente describirla, "hablar de ella". Por lo tanto, le atribuye al lenguaje un *"rol pasivo"* y un *"carácter descriptivo"*, como el encargado de dar cuenta de lo existente. Esta caracterización del lenguaje se complementa perfectamente con la teoría de la *"transmisión de la información"* y dentro del esquema de Shannon el lenguaje pasó a ocupar la categoría del *código* que se utiliza para componer los mensajes.

Hace un tiempo comienza a analizarse que hemos estado atrapados en esta estrecha y restrictiva comprensión del lenguaje y la comunicación, que nos dificulta entender su naturaleza efectiva y que nos imposibilita comprender la importancia y gravitación que ambos tienen para los seres humanos. Se empieza a entender que el lenguaje es algo más que las palabras que se dicen, es bastante más profundo e impactante que un medio que nos permite expresar, transmitir o comunicar lo que percibimos, pensamos o sentimos.

Además de su aspecto descriptivo, el lenguaje posee un profundo *"carácter generativo"* a partir del cual accionamos, coordinamos nuestras conductas y generamos nuevas realidades. A través de nuestras conversaciones hacemos que ciertas cosas sucedan y, por lo tanto, la comunicación interpersonal constituye una forma de intervenir en la construcción de nuestro mundo. Y es este carácter el que nos induce a considerar a la comunicación como acción y no como una mera transmisión de información.

Un famoso guerrero que volvía de batallar portando con orgullo su invicta espada en la cintura, encontró junto al camino un grupo de gente escuchando a un maestro espiritual.

Se ubicó entre las personas más alejadas y, por un rato, estuvo escuchando al maestro hasta que, irritado por lo que le parecía pura charlatanería, interrumpió la enseñanza bruscamente: "¡Lo único que tú haces es hablar! Las palabras no sirven para nada, a las palabras se las lleva el viento".

El maestro lo miró un instante y con gran serenidad le contestó: "Sólo un necio como tú, cuya cabeza está acobardada y medio vacía por los golpes recibidos, puede decir una estupidez de ese tamaño".

El guerrero saltó como un resorte y en cuatro grandes pasos estaba frente al maestro con su espada lista para partirlo en dos: "¿Qué es lo que te has atrevido a decirme?".

"Oh, no te había reconocido –dijo el maestro–, pero veo en tu agilidad, destreza y valentía a uno de los más hábiles guerreros que haya pisado nuestra tierra y te presento mis respetos".

El soldado bajó su espada, sonrió satisfecho y volvió a ocupar su lugar entre la gente.

"Espero –le dijo el maestro mirándolo con una sonrisa– que en el futuro tengas más respeto por las palabras, ya que con ellas te hice venir hasta mí y te llevé al infierno de la furia, para luego calmarte y volverte a tu lugar".

A partir de ese día, el soldado se unió al grupo que seguía al maestro y fue su discípulo por muchos años.

Cuando afirmamos que accionamos a través del poder transformador de nuestras conversaciones, nos referimos a que cuando hablamos suceden cosas y cuando callamos suceden otras. Cuando hablamos y decimos una cosa, acontece algo determinado y cuando decimos otra, pasa algo distinto.

Es decir, que la realidad no siempre precede a nuestras conversaciones, éstas también muchas veces anteceden a la realidad que generan. Hay cosas que no hubiesen sucedido si no hubiésemos establecido una conversación con otra persona. A través de nuestras conversaciones declaramos nuestro amor, contratamos un viaje, establecemos una amistad, solicitamos un aumento de sueldo, le damos la bienvenida a alguien a nuestra casa o le solicitamos que se retire. Es por medio de nuestras conversaciones que realizamos gran parte de las acciones en nuestra vida.

La concepción tradicional nos ha dificultado advertir este carácter activo de la comunicación humana. Por ejemplo, no es lo mismo decirle a alguien: *"asistieron quince personas a la reunión"*, donde estamos informando sobre algo sucedido, utilizando el *carácter descriptivo del lenguaje;* que decir: "a *partir de mañana te haces cargo de la gerencia de finanzas"* o *"a partir de mañana vas a ser trasladado a la sección de mantenimiento".* En estos casos, aunque pueda escucharse como una información, estamos realizando una acción a través del poder transformador de nuestras conversaciones. Si efectivamente quien enuncia estas frases tiene el poder o la autoridad jerárquica para hacerlo, para bien o para mal, la situación de la otra persona habrá cambiado. Con esa acción comunicacional se ha generado una nueva realidad.

> Además de su aspecto descriptivo, el lenguaje posee un profundo carácter generativo a partir del cual accionamos, coordinamos nuestras conductas y generamos nuevas realidades.

A través de nuestras conversaciones **establecemos conexiones, coordinamos acciones, construimos vínculos y acordamos compromisos.** Todos los seres humanos interactuamos en redes conversacionales. Lo que nos es posible o dificultoso realizar depende en gran parte de la extensión y la calidad de nuestra red de vínculos. Por medio de nuestras conversaciones pedimos un empleo, ofrecemos nuestros servicios, prometemos concurrir a una reunión, establecemos el compromiso de realizar un trabajo o demandamos nuestros honorarios. Gran parte de las acciones fundamentales de la vida las realizamos a través de conversaciones que mantenemos con otras personas. Nuestras conversaciones determinan la calidad de nuestros vínculos y por lo tanto comprometen nuestra efectividad. Expanden o restringen nuestra frontera de posibilidades

También a través de nuestras conversaciones **creamos nuevos sucesos y generamos futuros diferentes.** Convocamos para un nuevo proyecto, elaboramos y transmitimos nuestra visión, proponemos nuevos objetivos, planteamos nuevas ideas, y todo esto lo hacemos conversando con otro. Nuestras conversaciones nos abren o cierran posibilidades.

Y aún más, a través de nuestras conversaciones y nuestras narrativas **creamos nuevos sentidos y modelamos la percepción** de otras personas. Cuando planteamos una interpretación diferente o desarrollamos una nueva teoría, cuando contamos una historia, acuñamos una metáfora, capacitamos a alguien o educamos a nuestros hijos, en todos los casos estamos accionando a través de nuestras conversaciones para incidir en la forma de percibir la realidad. Por ejemplo, una sesión de coaching es una conversación en la que se pueden generar cambios en la vida de una persona y en su estado emocional a través de la transformación de su punto de vista acerca de un determinado acontecimiento o en la resignificación de alguna circunstancia.

> Nuestras conversaciones determinan la calidad de nuestros vínculos y por lo tanto comprometen nuestra efectividad.

A través de nuestras conversaciones **explicitamos nuestras opiniones y la forma de observar el mundo que nos rodea.** Elaboramos interpretaciones, generamos nuevas explicaciones e influimos en las decisiones y comportamientos de los demás. Muchas veces después de alguna conversación nuestra vida cambia, nos transformamos aunque sea imperceptiblemente. Al adquirir una nueva distinción o al realizar una diferente interpretación, hemos ampliado nuestra capacidad de acción.

Con nuestras conversaciones generamos

- Relaciones y vínculos
- Nuevos sucesos
- Compromisos
- Nuevas posibilidades
- Cambios de emocionalidad
- Nuevos sentidos e interpretaciones

La comunicación como acción

Cuando observamos y recapacitamos sobre todo lo que hacemos a través de nuestras conversaciones, emerge con claridad el carácter transformador de la comunicación humana, ya que es a través de nuestras conversaciones que nos vamos constituyendo en el ser que somos. La palabra conversar viene del latín *"conversare"* que significa "dar vuelta", "hacer conversión". A través de nuestras conversaciones nos convertimos en alguien distinto, vamos cambiando nuestros puntos de vista, incorporamos nuevos conocimientos, realizamos aprendizajes, reflexionamos sobre nuestros problemas y se nos abren oportunidades de crecimiento y desarrollo personal.

Más allá del lenguaje

*"Hay un lenguaje verbal, otro corporal
y también un lenguaje emocional".*
Leonardo Wolk

Si desde la ingeniería se constituyó el sentido de observar a la comunicación como "transmisión de la información", es desde la filosofía que se comenzó a advertir la importancia del lenguaje en el dominio del accionar humano y fue la Ontología del Lenguaje la disciplina que realizó el fundamental aporte de instalar esta mirada hacia el carácter generativo del lenguaje y hacia las acciones que realizamos a través de nuestro hablar (actos lingüísticos).

Más allá de valorar el importante aporte de esta concepción sobre el lenguaje y el accionar humano, considero que esta mirada trajo como contrapartida el equiparar el concepto de lenguaje verbal al de conversación y esto llevó a una reducción en la observación de la complejidad de la comunicación interpersonal y a focalizar en forma exclusiva su análisis en el hablar y en el escuchar.

Postulamos que el poder de acción y transformación no está sólo en la palabra sino en la conversación. Es en la interacción conversacional que se establece entre las personas donde se produce la posibilidad de generar nuevas realidades. Abordar la complejidad de este proceso implica ir más allá del lenguaje verbal y tener en cuenta todos los aspectos que se ponen en juego en el intercambio comunicacional.

En tal sentido, Marcelo R. Cebeiro[1], uno de los referentes de la Psicología Sistémica en la Argentina, plantea que "la relevancia que se otorga al lenguaje verbal frente al gestual constituye una de las mayores fuentes de conflictos comunicacionales. (...) Es importante distinguir lenguaje verbal y comunicación. (...) La comunicación se encuentra en un supranivel que abarca no sólo el lenguaje verbal, sino también todo lo que compete a la gestualidad, a las conductas y a cualquier tipo de comportamiento".

---

1 Cebeiro Marcelo, *La Buena Comunicación – Las posibilidades de la interacción humana*, Paidós, Barcelona, 2006

Sin duda, el lenguaje verbal es el elemento esencial de toda conversación pero no el único y ni siquiera muchas veces el más importante. Porque **la comunicación es acción pero también es relación** y es por esto que en toda conversación es importante el **contenido** de la misma, "que se dice" a través del lenguaje verbal, pero también es fundamental el "cómo se dice", el **proceso** de la conversación que se establece preponderantemente a través del lenguaje no verbal y en la interacción corporal y emocional entre los interlocutores.

Estos dos elementos –el contenido y el proceso– que podemos distinguir en toda conversación, se vinculan con las dimensiones que se conjugan y entrelazan en la interacción comunicacional: la Dimensión Operacional y Relacional respectivamente.

El contenido, lo que se dice y expresa con palabras, se relaciona con la **"Dimensión Operacional"** de la comunicación. Decimos algo con algún objetivo determinado: para establecer una relación, comentar una situación, expresar un sentimiento, transmitir una información, emitir una opinión, realizar un pedido o acordar un compromiso.

A su vez, el significado de lo *"que"* se dice *(contenido),* está condicionado por el *"cómo"* se dice. Es decir, que el **proceso** de la comunicación está relacionado preponderantemente por lo no verbal, por la interacción de los interlocutores y por los elemento paralingüísticos de su enunciación. Es este aspecto el que se vincula con la **"Dimensión Relacional"** de la conversación.

En la dimensión relacional se "comunica" acerca del sentido de lo dicho y se marcan las pautas de la interacción y el tipo de vínculo que se establece.

En la dimensión relacional se "comunica" acerca del sentido de lo dicho y se marcan las pautas o reglas de la interacción. Por ejemplo, la frase *me gustaría escuchar tu propuesta* puede ser pronunciada con un gesto amable y mirando a los ojos del interlocutor, o bien levantando la cabeza y con una sonrisa socarrona, o con un gesto crispado y golpeando el escritorio con la palma de la mano, y en los tres casos, si bien se dice lo mismo, se comunican cosas muy diferentes. Esta "dimensión relacional" de la conversación, que condiciona fuertemente el significado de lo "que se dice", tiene que ver con el vínculo que se establece, con la emocionalidad que se genera y con el clima comunicacional que se va construyendo.

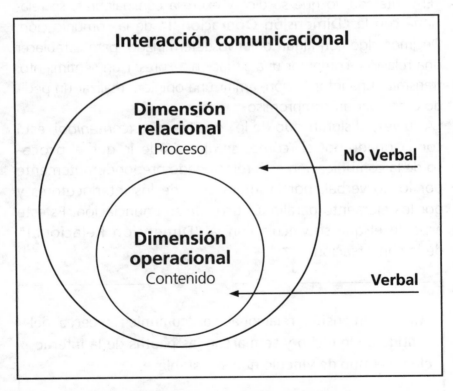

Dimensiones Operacional y Relacional

Entendemos que para acceder a la comprensión de estos aspectos de la comunicación humana, hay que traspasar las fronteras del lenguaje y entender que en la comunicación interpersonal "todo comunica". No sólo las palabras, sino también los gestos, las posturas corporales, el énfasis de la enunciación y toda conducta o comportamiento que adquieren una función de comunicación e incide en la asignación de sentido y por lo tanto en la efectividad de la interacción comunicacional.

> La comunicación humana es acción, relación e interacción.

Por otra parte, si decimos que la comunicación humana es acción y relación, debemos agregar que también es interacción, y por lo tanto, no se puede abordar su análisis desde una perspectiva unidireccional (del hablar al escuchar o del escuchar al hablar) sino que debemos hacerlo desde una mirada sistémica que nos permita observar la totalidad del "juego interaccional" que se produce en todo vínculo y la dinámica relacional que genera una mutua y permanente influencia entre los participantes de cualquier comunicación interpersonal.

Todos actuamos y nos comunicamos en función de nuestra particular forma de ser (o de "estar siendo"), pero también en relación al vínculo que tengamos con nuestro interlocutor y al contexto y a la situación comunicacional en la que estemos inmersos.

En toda comunicación interpersonal se establece un ida y vuelta incesante de palabras, gestos, acciones y emociones, en una permanente circularidad de la interacción que establece un proceso de retroalimentación e influencia recíproca. Hablamos, escuchamos, observamos y asignamos sentido tanto al lenguaje verbal como al no verbal y a todo comportamiento de nuestro interlocutor en relación al contexto y a la situación comunicacional. Es en las conversaciones donde emerge, como en pocas instancias, la profundidad y complejidad del ser humano y su despliegue en la dinámica relacional.

Actuamos y nos comunicamos en función de nuestra particular forma de ser, pero también en relación al vínculo que tengamos con nuestro interlocutor y al contexto comunicacional en el que estemos inmersos.

Es el objetivo de este libro presentar una **visión integral de la comunicación humana** y es por esto que iremos desarrollando los diferentes aspectos que conforman el complejo proceso de la interacción comunicacional entre las personas.

Capítulo 2

Comunicación y percepción

El fenómeno de la percepción

> "La gente sólo ve lo que
> está preparada para ver".
> **Ralph Emerson**

El fenómeno de la percepción es uno de los temas centrales para abordar la problemática de la comunicación humana, ya que no podemos eludir la asignación de sentido en los procesos de comunicación interpersonal: ¿Lo que observo y escucho de mi interlocutor es exactamente lo que hizo y dijo o solamente lo que yo interpreté? ¿Mi "mensaje" va a ser recibido tal cual yo lo emití o mi interlocutor le dará su propia interpretación?

Durante años existió el "sentido común", la creencia generalizada de que podemos percibir la realidad tal cual es. Que logramos tener acceso directo al mundo exterior independientemente de las condiciones biológicas, cognitivas y emocionales de las personas. Este postulado ha constituido durante largo tiempo el paradigma dominante en los ámbitos científicos y académicos.

El aspecto básico de esta concepción, conocida como epistemología empirista o racionalista, es que vivimos una realidad única e igual para todos, que el conocimiento es sólo una representación de esta realidad y que percibimos las cosas tal cual son. Se considera que el observador puede ser imparcial y "objetivo", en tanto su mirada no influye ni condiciona aquello que observa y, por lo tanto, se supone que su observación puede corresponder a la realidad que existe en forma autónoma a él.

La teoría de la comunicación de "transmisión de la información" está basada en este paradigma teórico y por lo tanto parte del supuesto de que si no hay "ruido" en la comunicación, el receptor recibirá el mensaje tal cual lo ha enviado el emisor. En este esquema se concibe al receptor desde un rol pasivo y no se contempla que la recepción es una acción que implica interpretar y darle sentido a aquello que observamos y escuchamos.

En las últimas décadas se ha planteado un fuerte debate y cuestionamiento a este enfoque epistemológico. La corriente constructivista y post-racionalista, que rápidamente se ha expandido a todos los ámbitos del saber y que ha posibilitado importantes avances y desarrollos en las ciencias de la conducta humana, ha postulado que la observación del sujeto no es neutra, que el observador introduce un orden en lo que observa y que por lo tanto su percepción es tan dependiente de los hechos o acontecimientos externos a él, como de su estructura cognitiva, psicológica y emocional que le permite, pero a su vez condiciona, la asignación de sentido de lo observado. Es decir, la percepción implica una activa construcción de sentido, una atribución de significado a aquello que se observa.

Harold Brown[2] afirma que "uno de los puntos de partida de la nueva Filosofía de la Ciencia es el cuestionamiento a la teoría empirista de la percepción". Brown acuña el concepto de *percepción significativa* para rebatir la opinión de que la percepción nos pro-

---

2 Brown, Harold: *La nueva imagen de la ciencia,* Tecnos, 1988.

porciona hechos puros y sostiene que "el conocimiento, las creencias y las teorías que ya sustentamos, juegan un papel fundamental en la determinación de lo que percibimos (…) Un observador que carezca del conocimiento relevante no obtendrá la misma información al observar el experimento que un físico con experiencia, y hay, por lo tanto, un aspecto importante en el que el lego y el físico ven cosas diferentes al observar el mismo experimento".

> La percepción implica una activa construcción de sentido, una atribución de significado a aquello que se observa.

Es decir, que podemos distinguir dos factores que inciden en el proceso de la percepción. Por un lado están las cosas, los hechos, los acontecimientos del mundo exterior, o en un proceso de comunicación las palabras y tonalidades que oímos y los gestos, conductas y comportamientos que vemos. Toda esta diversidad de elementos exteriores a nosotros, con las cuales tomamos contacto a través de nuestros sentidos, los podemos agrupar en la categoría de "estímulo". En el momento que percibimos cualquier tipo de estímulo exterior a nosotros, en ese mismo instante, en el acto de percibir se genera una interpretación, una asignación de sentido de aquello que estamos percibiendo.

> Percepción: estímulo + asignación de sentido

Y esto es así porque los seres humanos no percibimos sólo con nuestros sentidos, lo hacemos también con nuestros "modelos mentales" que son los que nos permiten asignarle sentido a lo percibido.

Modelos mentales

"No vemos las cosas como son,
vemos las cosas del modo que somos".
El Talmud

Laura, José y Adrián participaron de una reunión con miembros de otras gerencias en la que se analizó la factibilidad de rediseñar los procesos organizacionales, a los efectos de optimizar la calidad de servicio. Al salir de la mencionada reunión mantuvieron la siguiente conversación:

Laura: *La iniciativa me pareció muy interesante, además considero que va a ser factible que se pueda implementar ya que toda la gente se mostró muy motivada y participó con entusiasmo.*

José: *No, Laura, no te engañes, la mayoría de las intervenciones fueron para señalar inconvenientes o encontrar objeciones a las propuestas que se hacían. A mí me dio la sensación de que nadie tenía sincero interés en poner en marcha el nuevo sistema.*

Adrián: *Yo no estoy tan seguro de que no tengan interés, más bien me pareció que los comentarios apuntaban a resaltar que los problemas no corresponden a la propia área. Por ejemplo, lo que comentó Vázquez me pareció que era una crítica para la gente de ventas.*

Laura: *A mí me pareció muy importante, ya que hay que analizar cómo se procesan las quejas o sugerencias de los clientes.*

José: *Está claro que a Vázquez lo único que le interesa es quedar bien con la nueva directora, siempre fue un obsecuente.*

Hagamos un corte en la conversación y analicemos qué podemos saber de la reunión. ¿Cómo puede ser que tres personas que estuvieron en el mismo lugar con la misma gente, que oyeron y vieron exactamente lo mismo, describan lo ocurrido y saquen conclusiones tan diferentes? Esto sucede porque los distintos participantes focalizaron la atención en diversos aspectos, asignaron distintos significados a las mismas cosas, relacionaron y vincularon esas interpretaciones con datos y creencias que ellos poseían y finalmente expresaron sus percepciones como si fuesen una descripción de la realidad.

> Los seres humanos no percibimos sólo con nuestros sentidos, lo hacemos también con nuestros "modelos mentales" que son los que nos permiten asignarle sentido a lo percibido.

Lo que cada uno observó e interpretó, más que aportarnos datos que nos permitan conocer la realidad, nos posibilita conocer qué tipo de *observadores* son cada uno de estos individuos. Cuáles son sus intereses, sus inquietudes, a qué y cómo le asignan sentido. Es decir, más que conocer el territorio estamos accediendo a los distintos mapas que lo intentan describir.

Alfred Korszibsky acuñó la metáfora *"el mapa no es el territorio"*, para dar cuenta de esta distancia que existe entre los acontecimientos que pueblan el mundo externo y nuestra propia representación del mismo. Sólo accedemos a la realidad exterior a través de la representación que realizamos de la misma. Y el medio que utilizamos para cartografiar el territorio, para "mapear" la realidad, para asignarle sentido a nuestras percepciones, son nuestros *modelos mentales*.

Llamamos **modelos mentales** al conjunto de opiniones, teorías personales, valores, paradigmas, distinciones y creencias que utilizamos para percibir, analizar e interpretar todo tipo de fenómenos y circunstancias de nuestra vida. Estos modelos mentales ejercen una influencia determinante sobre nuestro modo de observar y comprender el mundo, y nuestra manera de situarnos y de actuar en el mismo.

Como un cristal que distorsiona sutilmente nuestra visión, los modelos mentales condicionan nuestra percepción y el proceso de asignación de sentido a los mensajes y estímulos que recibimos. Determinan el enfoque de nuestra atención y la interpretación de cualquier acción o circunstancia que observemos. Condicionan lo que vemos y lo que no, por qué seleccionamos algunos datos y obviamos otros, cómo vinculamos y relacionamos estos datos con información preexistente, y qué interpretación y valoración hacemos de todo ello. Y dado que establecen el modo de explicar el mundo, condicionan nuestra emocionalidad e influyen en nuestro comportamiento y en la forma en que nos relacionamos con las demás personas.

> Los modelos mentales ejercen una influencia determinante sobre nuestro modo de observar y comprender el mundo, y nuestra manera de situarnos y de actuar en el mismo.

Todo ser humano se vincula con el mundo exterior, conoce, aprende, interpreta, toma sus decisiones y actúa a través de sus modelos mentales. Cada persona vive en su propio y único modelo del mundo. Y es este modelo el que va a determinar la efectividad de la acción e interacción de las personas, tanto en el ámbito personal como laboral.

Un aspecto central de nuestro autoconocimiento es tomar conciencia de nuestros modelos mentales y cómo actúan en nosotros modelando nuestra percepción y condicionando nuestra capacidad de acción y comunicación. Cuando desconocemos el factor de mediatización que ejercen nuestros modelos mentales, expresamos nuestras percepciones como si fuesen una estricta descripción de la realidad, obviando o descalificando las interpretaciones de los demás. Como metáfora de ese fenómeno, nos parece interesante transcribir un cuento oriental de la tradición sufí:

El elefante y los ciegos

Cuenta una antigua leyenda que cuatro ciegos reunidos en torno a un elefante, discutían sobre su aspecto.

Uno lo tomó de la trompa y dijo: "El elefante es como la rama de un árbol". Otro, tocándole las orejas, respondió: "No, tiene la forma de un gran abanico".

El tercero, apoyado de espaldas contra el animal, opinó que el paquidermo era como una pared. Mientras que el último, abrazado a una pata, insistía en su convencimiento de que la forma era la de una columna.

Discutían, vociferaban, se insultaban.

Y mientras permanecía cada uno tratando de convencer al otro de su propia verdad y desacreditando las interpretaciones que no coincidían con la propia, junto a ellos se alzaba la inconmovible realidad del elefante...

Cuántas veces en discusiones, frente a situaciones que permiten más de una mirada, actuamos como si la nuestra fuese la única posible. Vivimos en mundos interpretativos y no podemos escapar a este fenómeno que organiza nuestro existir. Los seres humanos nos hallamos en un mundo "real", pero actuamos en él usando "mapas", "representaciones", "modelos" y explicaciones codificadas del mismo. Estos mapas o modelos nos sirven de guía para orientarnos en la realidad, pero no constituyen la "realidad". Son apenas una representación de la misma y, como tal, presentan distorsiones, limitaciones y empobrecimientos derivados de las características peculiares de la experiencia de cada individuo.

El conocimiento de la realidad no es algo a lo que accedamos en forma neutra y directa, sino que lo construimos y organizamos en forma activa. Esto encierra la paradoja de que todo lo que observamos y concebimos es necesariamente la consecuencia de nuestros propios modos y estilos de percepción e interpretación.

El "sentido común" siempre nos llevó a pensar que observábamos el mundo y la realidad tal cual era. Lo que podemos darnos cuenta a partir de tomar conciencia de la existencia de nuestros modelos mentales y de que el proceso de percepción implica una construcción de sentido, es que **vemos el mundo que es, de acuerdo a cómo somos.**

Vemos el mundo que es, de acuerdo a cómo somos.

Importancia y dualidad de los modelos mentales

> "La percepción crea tu realidad
> y tú creas tu percepción.
> Todo es una interpretación".
> **Deepak Chopra**

Suponga que un día llega a su oficina y nada tiene sentido. Ve un conjunto de sillas y mesas llenas de papeles, gente caminando y otros sentados frente a un aparato con una pantalla. Observa una puerta con un cartel con una inscripción y más al fondo otra con la figura de un hombrecito. Alguien se le acerca y le dice que tiene que pasar por la oficina de personal a actualizar el legajo y otro le menciona una reunión para evaluar un informe. Pero para usted nada tiene sentido. No puede entender ni comprender nada de lo que ve ni oye.

El sólo pensar que deberíamos reaprender los miles de significados que cotidianamente le asignamos al conjunto de hechos, signos y señales que pueblan nuestro mundo, nos instala en una pesadilla. Nuestros sentidos nos proveen de datos del mundo exterior, pero estos datos requieren a su vez de un proceso de interpretación para asignarle un sentido. En el proceso de otorgar significado a todo tipo de hecho o mensaje, actúan en forma interdependiente los "filtros" (distinciones, recuerdos, creencias, valores, categorías conceptuales, memoria emocional, etc.) que conforman nuestros modelos mentales.

Este complejo proceso de percepción que llevamos a cabo miles de veces por día y en forma ininterrumpida, es el que nos permite no transitar por la pesadilla del ejemplo anterior, donde todos los días deberíamos reaprender el significado de las cosas. Este rol de brújula omnipresente en que se constituyen nuestros modelos mentales, funciona a un nivel inconsciente que nos hace "transparente" el proceso permanente de asignación de sentido.

Es justamente esta característica la que les otorga a los modelos mentales un rol de centralidad en el devenir humano. Los modelos mentales son poderosas herramientas que nos posibilitan filtrar y organizar el mundo que observamos y nos permiten actuar coherente y eficientemente en él. Pero también juegan un rol insidioso, ya que pueden limitar nuestro horizonte de posibilidades y encerrarnos en patrones de pensamiento y comportamiento que no nos son funcionales.

Nuestros modelos mentales funcionan a un nivel inconsciente que nos hace "transparente" el proceso permanente de asignación de sentido.

Los modelos mentales adquieren gran poder sobre nosotros porque una vez establecidos no requieren de nuestra atención en cada momento, operan en forma automática en el trasfondo de nuestra conciencia. Esta es una bendición contradictoria. Por eso decimos que tenemos modelos mentales, pero muchas veces nuestros modelos mentales nos tienen a nosotros.

Al respecto Edgar Morin[3] sostiene que: "Nosotros alimentamos nuestras creencias o nuestra fe, los mitos o ideas que salen de nuestro espíritu, y esos mitos o ideas toman consistencia y poder. No sólo somos poseedores de ideas, sino que también estamos poseídos por ellas, capaces de morir o de matar por una idea".

Los condicionantes de nuestros modelos mentales

"Ver no es difícil,
lo difícil es romper el muro de contención mental
que mantiene nuestra percepción en su lugar".
Carlos Castaneda

La construcción de nuestros modelos mentales está condicionada por tres factores constitutivos:

- Factores neuro-fisiológicos.
- Factores socio-culturales.
- Factores personales.

---

3 Morin, Edgar, *La mente bien ordenada*, Seix Barral, Barcelona, 2001

Factores neuro-fisiológicos

Percibimos el mundo a través de nuestros sentidos. El sistema receptor humano comprende: visión, oído, tacto, gusto y olfato. Podemos percibir únicamente una porción del mundo circundante debido a las características neuro-fisiológicas que están predeterminadas genéticamente.

Una de las causas de que nuestros modelos del mundo sean necesariamente diferentes del mundo real, es que nuestros sentidos distorsionan y borran trozos enteros del entorno que no logramos percibir. Por ejemplo, nuestro sistema auditivo no nos permite oír determinada gama de sonidos, que sí perciben numerosas especies del reino animal.

Nuestra fisiología constituye el primer conjunto de filtros que actúan en la creación de nuestras representaciones (el mapa) del mundo (el territorio). Nuestra estructura biológica constituye la base común de la experiencia que compartimos como miembros de la especie humana.

Factores socio-culturales

Los segundos condicionantes que intervienen en la asignación de sentido en el proceso de percepción, son el conjunto de variables sociales y culturales a las cuales estamos sujetos como miembros de un sistema social: nuestro idioma, nuestros usos y costumbres y todas las convenciones socialmente aceptadas. Aquello que constituye nuestro trasfondo cultural compartido, condiciona nuestra forma de observar e interpretar el mundo.

Nuestra percepción está culturalmente determinada. Nuestro ambiente, nuestras costumbres, el medio en el que hemos nacido y crecido nos va creando la impresión de que "así son las cosas". No es lo mismo haber nacido en la India, que posee una población de más de mil millones de habitantes, una cultura milenaria y una preponderante religión budista, que haberlo hecho en la Argentina que tiene doscientos años como Nación, que es tributaria de la cultura europea, judeo cristiana y en la que en un territorio similar viven apenas cuarenta millones de personas. Pero, a su vez, no es lo mismo haber nacido en un hogar humilde, en un pequeño pueblito del interior del país, que en una familia adinerada que vive en una gran ciudad.

Todos estos condicionantes hacen que nuestra mirada esté atravesada por las creencias y costumbres consensuadas en las comunidades y ámbitos sociales a los que pertenecemos, y que éstas incidan fuertemente en la forma en que percibimos las circunstancias que nos rodean: el vínculo entre las personas, la relación con el trabajo, las jerarquías sociales, el afecto entre amigos, la fidelidad entre las parejas y una infinidad de cosas más. La cultura modela nuestra observación y nos lleva a pensar que la valoración consensuada de muchos, constituye la descripción precisa y certera de la "realidad".

Para dar cuenta de este fenómeno, el físico Fritjof Capra[4] acuñó el concepto de "modelos mentales colectivos". Sostiene que: "Podemos seguir las teorías de Jung cuando afirmaba que la mente o psique colectiva también incluye un inconsciente colectivo. Como individuos participamos en estos modelos mentales colectivos y los plasmamos; ellos, a su vez, influyen en nosotros".

> La cultura modela nuestra observación y nos lleva a pensar que la valoración consensuada de muchos, constituye la descripción precisa y certera de la "realidad".

Un ejemplo de esto es lo que denominamos "sentido común". Cuando analizamos cualquier hecho o cuando le asignamos significado a lo que comunica nuestro interlocutor, uno de los "filtros" que se ponen en funcionamiento en el proceso de in-

---

4 Capra, Fritjof, *El punto crucial*, Editorial Estaciones, Bs. As., 1992

terpretación, es un conjunto de creencias colectivas que compartimos socialmente. El hecho de que una gran mayoría de las personas acuerde en una determinada mirada sobre las cosas, muchas veces nos lleva a pensar que esa es la única verdad y a descalificar a cualquier otra persona que no comparta este "sentido común". Cierta vez leí un grafiti que desafiaba desde la ironía esta creencia generalizada de que el "sentido común" es un criterio de verdad. La leyenda escrita en la pared decía: *"Coma mierda, millones de moscas no se pueden equivocar".*

Un caluroso día de verano un anciano bajó a un sótano fresco en busca de alivio. Al entrar, la oscuridad lo cegó.

"No se preocupe", le dijo otro hombre que estaba en el sótano, "es natural que al pasar de la luz a la oscuridad, no pueda ver. Pronto sus ojos se acostumbrarán y no notará que está oscuro".

"Mi querido amigo, eso es lo que me preocupa", respondió el anciano.

"La oscuridad es oscuridad, el peligro es acostumbrarse y creer que es luz".

Factores personales

Son las representaciones que creamos basadas en nuestra singular historia personal. Como se sustentan en las experiencias, las creencias, los valores y el universo de distinciones que cada persona va incorporando a través de su formación, hace que los modelos mentales de cada ser humano sean únicos e irrepetibles. Podemos creer que nuestra historia está en el pasado, pero nuestros modelos mentales proyectan nuestro pasado hacia la comprensión presente del mundo.

Un aspecto constitutivo de nuestros modelos mentales son las *distinciones* que poseemos de acuerdo a nuestra formación, experiencia e inserción sociocultural. Las distinciones determinan nuestra observación y nos abren las puertas a mundos diferentes. Si un edificio es analizado por un ingeniero, un arquitecto o un antropólogo, seguramente verán aspectos disímiles condicionados por sus propias distinciones. Las diversas profesiones se conforman en función del uso de un conjunto de distinciones con determinada racionalidad, que inciden en el tipo de observación que desarrollan quienes las constituyen. Albert Einstein expresaba esta circunstancia al decir que: *"Es la teoría la que determina lo que podemos observar"*.

Las distinciones tienen existencia en el lenguaje, ya que sólo logramos observar aquello que podemos nombrar. Para los seres humanos las cosas cobran vida, obtienen presencia a partir de que les ponemos un nombre, en la medida que podemos hablar de ellas. Nuestro universo de distinciones condiciona nuestra capacidad de observación y de acción. Es por esto que decimos que no describimos el mundo que vemos, sino que vemos el mundo que podemos describir.

Si un médico apoya su estetoscopio en la espalda de un paciente y le pide que respire profundamente, a través del sonido que escucha podrá realizar un diagnóstico y en función del diagnóstico indicar un tratamiento. Si la misma acción la realiza un abogado, un carpintero o un contador, seguramente podrán oír los mismos sonidos pero nada les significará, ya que no tienen las distinciones pertinentes. Esto quiere decir que nuestras distinciones no sólo condicionan nuestra percepción, sino también nuestra capacidad de acción. **Sólo podemos accionar sobre el mundo que logramos observar.**

> Nuestro universo de distinciones condiciona nuestra capacidad de observación y de acción.
>
> No describimos el mundo que vemos, sino que vemos el mundo que podemos describir.

Personas que provienen de distintas culturas o disciplinas, suelen poseer diferentes distinciones. Por ejemplo, los esquimales pueden distinguir y nombrar más de veinte tipos de nieve distinta. Cualquiera de nosotros, por más que mire sólo ve "nieve". Tienen distinciones que nosotros no poseemos y eso los constituye en observadores diferentes. Pero ellos no sólo ven distintos tipos de nieve, sino que en cada una observan diferentes posibilidades, como por ejemplo de encontrar alimento o de construir sus viviendas. Son estas distinciones las que les permiten operar efectivamente en su entorno.

Cómo creamos nuestros modelos mentales

"Tu vida es un reflejo exacto de tus creencias.
Cuando cambias tus creencias
más íntimas acerca del mundo,
tu vida cambia en consonancia con ellas".
Andrew Matthews

Todos los seres humanos ponemos en funcionamiento distintos dispositivos que nos posibilitan realizar los aprendizajes que necesitamos para evolucionar y desempeñarnos en la vida. Tres mecanismos básicos son los que activamos para la creación de nuestros modelos mentales: **generalización, selección y distorsión**.

Generalización

La generalización es la base de todo proceso de aprendizaje y consiste en transformar una experiencia en una categoría conceptual. Por ejemplo, si un niño acerca su mano al fuego y se quema, a través de la generalización de esta experiencia habrá adquirido el conocimiento de que todo fuego quema.

Este fundamental mecanismo de aprendizaje tiene una contracara muy peligrosa. Muchas veces tomamos una experiencia exitosa y la transformamos en patrón de conducta, sin ponderar que pueden existir situaciones y circunstancias donde ese comportamiento se transforme en contraproducente. O al revés, supongamos que queremos introducir una innovación en nuestro ámbito laboral y fracasamos en el intento. Si generalizamos esa experiencia es probable que lleguemos a la conclusión de que "mejor no innovar". En este caso, esta creencia que incorporamos a nuestro modelo mental empobrecerá nuestra vida y aparecerá ante cualquier proceso de cambio que queramos emprender.

Toda creencia surge de la generalización de una experiencia, que a partir del momento en que le otorgamos categoría de conocimiento comienza a regular nuestro comportamiento. Veamos un breve relato que ilustra cómo funciona esta dupla de generalización y creencia.

El elefante encadenado

Cuando era chico me encantaban los circos y lo que más me gustaba de ellos eran los animales.

A mí, como a otros chicos, nos llamaba la atención el elefante. Durante la función, la enorme bestia hacía despliegue de peso, tamaño y fuerza descomunal... pero después de su actuación y hasta un rato antes de volver a la pista, el elefante quedaba sujeto solamente por una cadena que aprisionaba una de sus patas a una pequeña estaca clavada en el suelo.

La estaca era sólo un minúsculo pedazo de madera clavado en el piso, apenas enterrado unos centímetros en la tierra, y aunque la cadena era gruesa y poderosa, me parecía obvio que ese animal capaz de arrancar un árbol de cuajo con su propia fuerza, podría con facilidad arrancar la estaca y huir.

El misterio era evidente: ¿Qué lo retiene entonces? ¿por qué no huye? Con el tiempo encontré la respuesta: el elefante del circo no escapa, porque ha estado atado a una estaca muy parecida desde muy pequeño. Cerré los ojos y me imaginé al pequeño elefante recién nacido sujeto a la estaca. Estoy seguro de que en aquel momento el elefantito empujó y tiró, sudaba tratando de soltarse y a pesar de todo su esfuerzo, no pudo.

La estaca era ciertamente muy fuerte para él. Juraría que se durmió agotado y que al día siguiente volvió a intentarlo y también al otro y el que seguía... Hasta que un día, un terrible día para su historia, el animal aceptó su impotencia y se resignó a su destino. Este elefante enorme y poderoso que vemos en el circo, no escapa porque *CREE QUE NO PUEDE*.

Él tiene registro y recuerdo de su impotencia, de aquella impotencia que sintió poco después de nacer.

Y lo más curioso es que jamás volvió a cuestionar ese registro.

No intentó otra vez poner a prueba su fuerza.

Se lo impidió la fuerza de su creencia.

Nuestras creencias forman parte esencial de nuestros modelos mentales y son éstos los que establecen los límites de nuestras posibilidades. De acuerdo a cómo observamos y valoramos nuestro entorno, conforme a cómo nos percibimos y evaluamos a nosotros mismos, se nos abren o cierran posibilidades. Henry Ford afirmaba: *"Si crees que puedes, tienes razón, y si crees que no puedes, también tienes razón".*

El físico David Bohm[5] sostiene que: "No solemos darnos cuenta de la forma en que nuestras creencias inciden sobre la naturaleza de nuestra observación, pero el hecho es que determinan nuestra forma de ver las cosas, de experimentarlas y, en consecuencia, afectan a todo lo que hacemos".

Veamos por ejemplo las siguientes creencias *"siempre hay una forma mejor de hacer las cosas", "la experiencia no se puede transmitir", "las reuniones constituyen una pérdida de tiempo", "los hombres no lloran", "expresar los sentimientos es un signo de debilidad"*. Cada uno de estos enunciados establece parámetros por los cuales evaluamos lo que está bien y lo que está mal, lo que se puede y lo que no se puede, lo que se debe y lo que no se debe hacer. De esta manera las creencias modelan nuestras pautas de comportamiento, afectan la toma de decisiones y la relación con los demás.

> Toda creencia surge de la generalización de una experiencia, que a partir del momento en que le otorgamos categoría de conocimiento comienza a regular nuestro comportamiento.

Albert Einstein afirmaba que *"Es más fácil desintegrar un átomo que un pre-concepto"*. Normalmente no nos cuestionamos el valor o vigencia de las propias creencias, no revisamos su validez en cada circunstancia y cuanto más inconscientes y arraigadas se encuentren, más poder ejercen sobre nosotros.

Selección

Es el proceso por el cual prestamos atención sólo a ciertos aspectos de nuestra experiencia y excluimos otros. Somos selec-

5 Bohm, David, *Sobre el diálogo*, Kairós, Barcelona, 2001

tivos con respecto a nuestra atención. Cotidianamente estamos sometidos a una sobrecarga de información y diversos tipos de estímulos, y sería materialmente imposible y absolutamente improductivo que dediquemos todo nuestro tiempo a procesar ese cúmulo de datos. Lo que hacemos es seleccionar la información que consideramos relevante y pertinente en función de nuestros intereses y objetivos, y filtramos aquellos datos que consideramos que están fuera de nuestra área de interés.

Eliminamos parte de la información que reciben nuestros sentidos y conformamos así nuestras ideas. Hay información que no significa nada para nosotros y que, a todos los efectos, es como si no existiera. Muchas veces esta selección nos permite mayor efectividad en nuestras actividades. Gracias a ella nos podemos orientar en el mundo y resolver problemas seleccionando la información valiosa, relevante y pertinente a nuestros intereses.

Pero a su vez este proceso puede representar una limitación, ya que tendemos a seleccionar aquellos datos que refuerzan nuestras creencias y convicciones, y tendemos a eliminar toda información u opinión que contradiga o desafíe nuestros puntos de vista y nuestra visión de las cosas. Este mecanismo nos puede conducir a rigidizar y empobrecer nuestra visión del mundo. Un ejemplo de esto son los "prejuicios" que nos hacen censurar y desechar todo aquello que no encaje en un modo predeterminado de pensamiento.

Uno de los elementos constitutivos de nuestros modelos mentales, que ejercen un rol central en la selección de hechos y datos que realizamos en nuestro proceso de percepción, son los "paradigmas". Thomas Kuhn, uno de los principales referentes de la Filosofía de la Ciencia, acuñó el concepto de paradigma para explicar la influencia de los factores socio psicológicos en el desarrollo de la ciencia. Kuhn, en la observación de la labor de los científicos, pudo comprobar que los mismos, en sus trabajos de investigación, no podían registrar o no tomaban en cuenta los hechos o datos que estaban fuera de sus conceptos y teorías formuladas en sus hipótesis de investigación. Es decir, que aun la mirada supuestamente "objetiva" del científico estaba interpenetrada y condicionada por los modelos teóricos y los paradigmas desde los cuales observaba.

El efecto que tiene cualquier paradigma en nuestra percepción y por lo tanto en nuestra capacidad de acción, es que cuando se naturaliza en cualquier ámbito social, empresario o académico, se toma como parámetro de verdad y se actúa desde ahí sin cuestionarlo por más que la realidad haya cambiado y ese paradigma ya no sea funcional a las nuevas circunstancias.

Cómo Nace un Paradigma

Un grupo de científicos colocó cinco monos en una jaula, en cuyo centro pusieron una escalera y, sobre ella, un montón de bananas.

Cuando un mono subía la escalera para agarrar las bananas, los científicos lanzaban un chorro de agua fría sobre los que quedaban en el suelo. Después de algún tiempo, cuando un mono iba a subir la escalera, los otros monos lo agredían e impedían que lo hiciera.

Pasado algún tiempo más, ningún mono subía la escalera, a pesar de la tentación de las bananas.

Entonces, los científicos sustituyeron uno de los monos.

Lo primero que hizo fue subir la escalera, siendo rápidamente bajado por los otros de forma violenta.

Después de reiteradas palizas, el nuevo integrante del grupo ya no subió más la escalera.

Un segundo mono fue sustituido y ocurrió lo mismo.

El primer sustituto participó con entusiasmo de la paliza al novato.

Un tercero fue cambiado, y se repitió el hecho.

El cuarto y, finalmente, el último de los veteranos fue sustituido. Los científicos quedaron, entonces, con un grupo de cinco monos que, aún cuando nunca recibieron un baño de agua fría, continuaban golpeando a aquel que intentase llegar a las bananas.

Si fuese posible preguntar a algunos de ellos por qué le pegaban a quien intentase subir la escalera, con certeza la respuesta sería: "No sé, aquí las cosas siempre se han hecho así...".

Distorsión

La distorsión se produce cuando cambiamos nuestra experiencia sensorial, por ejemplo, amplificando algunas partes y disminuyendo otras. Este mecanismo de la distorsión, que nos permite introducir cambios en nuestra percepción, es la base de la creatividad y de los procesos de innovación.

A través del proceso perceptivo somos capaces de transformar o alterar la realidad, agregando información que no viene con el estímulo. Al ver un perro no estamos percibiendo únicamente al animal, sino que agregamos otros componentes como recuerdos, imágenes y sensaciones de nuestras experiencias con los perros; si en el pasado fuimos mordidos por algún perro, posiblemente el acto de percibirlo esté asociado al miedo. En consecuencia, la percepción contendrá un componente emocional más allá del propio estímulo.

Las grandes creaciones o inventos son fruto de este proceso de distorsión y de una extrapolación de nuestra percepción. Pero también, a través de este mecanismo podemos construir una experiencia negativa que no existe en la realidad. Por ejemplo, esta es la base de la paranoia.

Como vemos, estos mecanismos (*generalización, selección y distorsión)* que utilizamos los seres humanos para aprender y desarrollarnos en la vida, son los mismos que pueden empobrecer nuestra visión del mundo y dificultar nuestra evolución. Vivimos inmersos en la paradoja de que nuestro mayor capital es el aprendizaje que surge de nuestra experiencia, pero para seguir creciendo debemos poner en cuestión aquello que previamente tenemos aprendido.

La percepción en la comunicación

> "El verdadero viaje de descubrimiento
> no consiste en buscar nuevos territorios
> sino en tener nuevos ojos".
> **Marcel Proust**

Poder comprender el fenómeno de la percepción como un proceso de "construcción" de la realidad percibida, donde en forma permanente e ininterrumpida le asignamos significado al mundo que nos rodea, nos posibilita abordar la complejidad de la comunicación interpersonal.

Son nuestros propios modelos del mundo los que determinan que enfoquemos nuestra atención en algún aspecto de la comunicación, que le asignemos un determinado significado, que a su vez lo relacionemos y vinculemos con datos y creencias que nos parezcan relevantes y pertinentes, y que a partir de esto lleguemos a nuestras propias interpretaciones.

Veamos un ejemplo. Hace poco tuve la oportunidad de presenciar la conversación entre tres amigos que hablaban sobre un conocido en común, a quien habían reencontrado después de largos años de ausencia del país. Horacio argumentaba: *"La verdad es que le fue bárbaro, pudo hacer su doctorado, tuvo una experiencia laboral interesantísima y además pudo ahorrar buen dinero".* Por su parte Gustavo expresaba: *"Yo lo encontré bastante desmejorado. Está notablemente más gordo, pelado y lleno de arrugas. Además, detrás de esa posición de ganador, yo no lo veo feliz";* a lo que Sandra replicaba: *"Al contrario, yo lo veo muy bien y muy tranquilo. Me llamaron la atención un par de comentarios que hizo, que me dieron la impresión de que ha adquirido una profundidad en su pensamiento que antes no tenía".*

Mientras escuchaba, reflexionaba acerca de las diferentes percepciones de las personas ante un mismo hecho y cómo por medio de sus comentarios emergía la estructura de pensamiento a través de la cual, cada uno percibía y hablaba. Sus observaciones y opiniones, más que de la persona en cuestión, daban cuenta de sus propios modelos mentales. A través de su conversación se podía llegar a conocer muy poco acerca de la persona aludida, pero lo que se podía llegar a deducir era qué tipo de observador estaba siendo cada uno de ellos: adónde había centrado su atención, qué cosas valoraba y cómo su esquema de creencias sesgaba sus interpretaciones. Lo veía a Horacio valorando el éxito profesional y priorizando el logro económico, a Gustavo mostrando su inquietud por el envejecimiento y a Sandra apreciando el crecimiento personal y la profundidad de pensamiento.

La Ley de la Resonancia

> "Si odias a alguien, odias algo en él
> que es parte de ti mismo.
> Lo que no es parte de nosotros mismos
> no nos produce ese sentimiento".
> **Hermann Hesse**

En el proceso de percepción también se pone de manifiesto lo que en el ámbito de la física se denomina la "Ley de la Resonancia". Esta ley dice que un objeto entra en resonancia con otro sólo cuando posee una misma frecuencia. De lo contrario, no reconoce el sonido y es como si no existiera. Por ejemplo, un diapasón entra en resonancia únicamente con un tono que corresponde a su propia frecuencia. Si no es así, no lo puede percibir. Un receptor de radio sintonizado en onda media, sólo captará onda media en base a su resonancia. No podrá reconocer ni la onda corta ni la larga.

De un modo análogo podríamos afirmar que el hombre puede percibir solamente aquellos dominios de la realidad para los que posee una capacidad de resonancia. Sólo si posee una representación interna, si algo pertenece a su "visión del mundo", podrá vibrar a la par y, entonces, a través de esa resonancia se tornará posible la percepción. De lo contrario, cualquier acontecer pasará "en transparencia" y no lo podrá observar. Tal vez, a esto se refería Platón cuando decía que *"Uno es capaz de ver sólo aquello que ya posee en su interior"*.

Un hombre está extendido al borde de un camino. No está ni herido ni muerto, sino únicamente cubierto de polvo.

Un ladrón lo ve y se dice: "Seguro que es un ladrón que se ha dormido. La policía vendrá a buscarlo, es mejor que desaparezca antes de que llegue".

Un rato más tarde un borracho le da la vuelta tambaleándose:

"Mira lo que pasa por no aguantar la bebida", le dice.

"Que vaya bien, amigo, y la próxima vez no bebas tanto".

Al rato llega un sabio. Se acerca y se dice:

"Este hombre está en éxtasis... meditaré a su lado".

Modelar la percepción

> "La formulación de un problema,
> es más importante que su solución".
> **Albert Einstein**

La comprensión del proceso de percepción nos abre también otros horizontes en relación a la comunicación interpersonal. Nos posibilita plantearnos la influencia que podemos ejercer en nuestro interlocutor a través de "modelar" su percepción. Si podemos comprender sus modelos mentales y entender desde dónde le asignará sentido a nuestra argumentación, podremos estructurar nuestro discurso de una manera más efectiva en relación al objetivo que queremos lograr a través de la conversación.

Generalmente estructuramos la argumentación de nuestro discurso desde nuestra propia lógica y cuando dialogamos o polemizamos, centramos nuestro esfuerzo en que el otro observe la situación desde nuestro punto de vista. Comprender el modelo del mundo del otro nos puede servir para reestructurar la forma de presentar nuestra opinión y los fundamentos que la sustentan, de forma tal que pueda ser comprendida desde su propia perspectiva.

A los efectos de ilustrar qué implica "modelar la percepción", cerramos este capítulo con un relato:

Dos obispos, provenientes de distintos países, se encuentran en el Vaticano en la sala de espera para una audiencia con el Papa. Uno de ellos es de la congregación de los Dominicos y el otro es Jesuita.

En la conversación, mientras aguardan que los reciba Su Santidad, descubren que ambos son fumadores empedernidos y que comparten la inquietud de que el Papa los autorice a fumar durante las horas que le dedican a sus oraciones diarias.

Primero entra el Dominico y al salir de la audiencia, decepcionado le cuenta al Jesuita que el Papa le había prohibido fumar mientras oraba.

Luego entra el Jesuita y al salir de la entrevista, muy alegre le comenta a su colega que el Papa lo había autorizado.

"Pero cómo puede ser", pregunta sorprendido el Dominico, "que si los dos hicimos la misma petición, a mí me la haya denegado y a ti te la haya concedido".

"Pues es muy sencillo", argumenta el Jesuita, "mientras tú le pediste permiso para fumar mientras rezabas, yo le pregunté si podía rezar mientras fumaba".

Capítulo 3

Emocionalidad y lenguaje no verbal

Conversación e intercambio emocional

> "No olvidemos que las pequeñas emociones
> son los grandes capitanes de nuestra vida
> y que las obedecemos sin darnos cuenta de ello".
> **Vincent Van Gogh**

En toda comunicación interpersonal se da un permanente intercambio de palabras, gestos, acciones y emociones. Sin duda, esta interacción emocional tiene una fuerte incidencia en todo vínculo y en el desarrollo de cualquier conversación. Todos tenemos la vivencia de haber experimentado que en muchas oportunidades nuestra emocionalidad ha ido cambiando en el transcurso de una conversación.

Pasamos de estar alegres a enojados, de preocupados a entusiasmados, o de tristes a optimistas. Estos y muchos otros cambios son posibles en una interacción comunicacional, y esto es así, porque como mencionáramos anteriormente, la palabra conversación significa "dar vuelta", "hacer conversión" y esto sucede no sólo con las ideas, opiniones y puntos de vista, sino también con nuestra emocionalidad.

Hay veces en que la transformación emocional se produce a consecuencia de un cambio de interpretación. El filósofo griego Epícteto afirmaba que *"No son las cosas las que preocupan a los seres humanos, sino sus ideas acerca de las cosas"*. Son los juicios y opiniones que tenemos acerca de lo que acontece, lo que genera nuestra emocionalidad. Es así que muchas veces, ante un mismo hecho, alguien lo ve como una amenaza y otro como una oportunidad, y sin duda ante esta diferencia de observación se generan distintas emocionalidades.

Es por esto que en una conversación, a partir de lo que alguien nos manifiesta, o porque incorporamos una nueva distinción conceptual que nos posibilita analizar la situación desde otra perspectiva, o porque al revisar nuestras creencias generamos un cambio de interpretación, necesariamente también se produce una transformación en nuestra emocionalidad.

Este proceso de modificación de la emocionalidad a partir del cambio de interpretación, es algo que observo muy frecuentemente cuando realizo una sesión de coaching. Y esto es así porque cuando la persona logra analizar una situación desde una óptica diferente, esto le abre un campo de acción que antes era inexistente y esto conlleva una transformación en la emocionalidad de la persona.

También puede suceder que alguno de los participantes de una conversación reciba algún comentario sobre su persona que le cambie la emocionalidad. Lo dicho puede ser interpretado como un alago, ofensa, agresión, agravio o felicitación, lo cierto es que en cualquier caso esto va a tener un impacto emocional.

Un tercer caso puede ser que el cambio emocional se produzca no ya por algo que se dice sino por la forma en que se lo expresa. Acá entra en juego el lenguaje no verbal que cumple un rol central en la asignación de sentido de lo dicho. Pensemos por ejemplo en la frase "Te felicito". De acuerdo al tono de la voz, al énfasis de la enunciación, a los gestos y a la postura corporal con la que se diga esta frase, puede ser interpretada como una felicitación, una ironía, un sarcasmo o una descalificación. Cualquiera sea la interpretación que le dé el interlocutor, muy diferente será la emoción que le produzca. Sin duda, no es el mismo efecto el que produce un "¡Te felicito!" dicho con una sonrisa, los brazos abiertos, mirando a los ojos y en un tono enfático, que la misma frase expresada con un tono socarrón, mirando de costado y con una leve mueca de fastidio.

> El lenguaje no verbal cumple un rol central en la asignación de sentido de lo dicho.

También puede ser que no se diga nada, es decir que no haya ninguna enunciación desde el lenguaje verbal, y sin embargo, algún gesto, acción o actitud de parte de nuestro interlocutor dispare nuestra emocionalidad. Pongamos un ejemplo que casi todos hemos experimentado, como ser la disímil sensación y emoción que nos produce cuando saludamos por primera vez a una persona. Pensemos la diferencia que experimentamos cuando alguien nos estrecha la mano en forma firme, mirándonos a los ojos y con una sonrisa, o cuando nos da la mano en forma flácida y mirando hacia otro lugar. O también cuando alguien se acerca, apoya su mano en nuestro brazo y nos da un beso, en contraposición cuando alguien se acerca a saludarnos con un beso pero tiene el cuerpo rígido, alarga el cuello y trata de no apoyar su mejilla. No hace falta que nada se diga para que exista una comunicación interpersonal, ya que toda acción u omisión también comunica.

El quinto factor que podemos mencionar como desencadenante de nuestra emocionalidad en una interacción comunicacional es: la emoción del otro. Acá podemos hacer una distinción entre dos tipos de situaciones diferentes. La primera es la que podemos denominar "contagio emocional" y la segunda cuando nos sentimos destinatarios de la emoción del otro. Empecemos por la primera.

> No hace falta que nada se diga para que exista una comunicación interpersonal, ya que toda acción u omisión también comunica.

Cuando hablamos de "contagio emocional" damos cuenta de un hecho que cotidianamente podemos experimentar en cualquier interacción social, como es la mutua influencia emocional que se establece en todo vínculo. En el intercambio emocional que se produce en cualquier conversación, influimos y somos influenciados por nuestros interlocutores. Nadie es inmune al mutuo contagio emocional. La transmisión de nuestros estados anímicos es un virus sobre el cual no se ha inventado (ni se inventará) ningún tipo de vacuna. Todos estamos expuestos a la emocionalidad de las personas con las que interactuamos. El contagio emocional es una "peste" inevitable.

Ahora bien, puede ser una peste positiva que nos llene de potencia y aliente nuestra capacidad de acción, o puede ser una peste negativa, tóxica, que vampirice nuestra energía. Podemos transmitir o ser inoculados por "virus anímicos" de alegría, optimismo, entusiasmo, motivación, compromiso; como también estamos expuestos y muchas veces somos transmisores de desaliento, miedo, desmotivación, preocupación, desconfianza y otras cuantas emocionalidades altamente nocivas.

Contagiamos nuestros estados anímicos y somos contagiados por los de los demás. Este es un fenómeno del que no podemos autoexcluirnos, ya que constituye una condición básica de la relación entre las personas. Seguramente habrá quienes son más propensos a ser influenciados que otros, como habrá quienes tengan una natural capacidad para influir emocionalmente. También habrá momentos y circunstancias en los que podremos ser más influenciables. Lo cierto es que este intercambio emocional es algo que, en mayor o menor medida, sucede en forma constante.

Veamos un ejemplo. Juan llega a su casa con un "humor de perros". Se siente sobrecargado de trabajo, presionado por su jefe y preocupado porque su equipo no logra alcanzar las metas comprometidas. Para colmo acaba de tener una discusión por un problema de tránsito. Lucía, su mujer, que ha regresado de su trabajo un rato antes que él, se encuentra de excelente ánimo y lo espera para compartir la cena conversando y jugando con sus hijos. Paremos aquí el relato. ¿Qué le parece a usted que puede llegar a suceder en la interacción comunicacional que va a acontecer? Se nos ocurren por lo menos dos escenarios posibles. El primero es que Juan entre a su casa, realice una especie de gruñido a modo de saludo generalizado, que inmediatamente comente lo cansado y malhumorado que está y comience a relatar el conflicto de tránsito que acaba de protagonizar. Al rato, seguramente los hijos se habrán ido a hacer alguna otra actividad y la mujer sentirá un leve fastidio sin saber muy bien a qué se debe. Aun sin quererlo, Juan ha intoxicado emocionalmente su ámbito familiar. Otro escenario posible es que, al percibir Lucía la emocionalidad de Juan, a través de una actitud empática logre integrarlo a la actividad que está desarrollando con sus hijos y contagiarlo en forma positiva de su estado emocional.

Con los más diversos matices y variaciones que cada uno se quiera imaginar, este tipo de escenas se suceden cotidianamente. De forma más o menos evidente, en ámbitos sociales, laborales o familiares, las personas se transmiten sus estados anímicos e influyen con sus emociones en uno u otro sentido. Sólo cuando tomamos conciencia de este proceso, podemos percibir este intercambio emocional y accionar de forma de no quedarnos "pegados" a emocionalidades tóxicas, ni transmitirlas en forma inconsciente.

Por último, podemos mencionar las situaciones en las que nos sentimos destinatarios de la emoción del otro. Esto puede ser porque la persona lo manifiesta abiertamente o porque podemos observar esta emocionalidad en un sinfín de signos de su lenguaje no verbal.

El cambio emocional se produce a consecuencia de:

- Un cambio de interpretación

- Por recibir algún comentario sobre nuestra persona

- Por la forma de expresar alguna frase

- Por algún gesto, acción o actitud de parte de nuestro interlocutor

- Por "contagio emocional"

- Cuando nos sentimos destinatarios de la emoción del otro.

El cambio emocional en la interacción comunicacional

Cualquiera que fuese la emoción, ya sea enojo, indignación, compasión o ternura, lo cierto es que impacta en nosotros en forma muy diferente cuando percibimos que somos destinatarios de esa emocionalidad. Por ejemplo, pensemos lo que experimentamos cuando vemos a alguien de nuestro entorno que está enojado por alguna circunstancia, y la diferencia que sentimos cuando percibimos que está enfadado con nosotros. En este último caso, necesariamente nuestra emocionalidad se acciona en forma automática.

La manera en que se dispare nuestra emocionalidad va a depender de muchos factores y circunstancias, pero ya sea que la emocionalidad de enojo del otro nos genere más enojo, culpa, miedo o indignación, lo cierto es que esta emoción nuestra va a su vez a impactar en nuestro interlocutor, generándose así una ida y vuelta de mutua influencia emocional. Es por esto que en la dinámica relacional de la interacción, la emocionalidad de uno pasa a ser a su vez consecuencia y causa de la emocionalidad del otro.

> En la dinámica relacional, la emocionalidad de uno pasa a ser a su vez consecuencia y causa de la emocionalidad del otro.

Emocionalidad y corporalidad

"Todo lo que hagas fisiológicamente afectará la mente, como todo lo que hagas mentalmente afectará el cuerpo. No son dos entidades, es una sola".
Osho

Las emociones se expresan y manifiestan como disposiciones corporales para la acción. Los seres humanos poseemos un nutrido, extenso y complejo menú de emociones y cada una de ellas presupone una disposición corporal que posibilita expresarla de manera adecuada y actuar en forma consistente.

> Las emociones se expresan y manifiestan como disposiciones corporales para la acción.

Cada emoción nos predispone para un tipo de acción diferente. Pensemos por ejemplo cuando estamos sumidos en la emocionalidad de la tristeza, el enojo, la alegría o el miedo. Cada una de estas emociones nos determina qué cosas podemos hacer en ese estado emocional y cuáles no podemos realizar. El miedo, que es una de las emociones primarias, nos predispone a huir, a atacar o también nos puede paralizar, pero hace que nos resulte imposible razonar claramente, hacer proyectos o disfrutar del momento.

En este sentido podemos afirmar también que las emociones generan la energía que nos impulsa hacia determinado tipo de acciones. Nos proveen del carburante y movilizan nuestras disposiciones corporales para que las conductas sean posibles.

Juan José Plasencia[6] plantea que las emociones: "Son pulsiones que nos llevan a actuar, que pueden ser fugaces o perdurables, leves o intensas, agradables o desagradables pero siempre movilizan energía, condicionando al cuerpo para que se adapte a determinadas circunstancias o se enfrente a situaciones específicas".

Las emociones actúan como el nexo entre la percepción de los estímulos recibidos y las reacciones vitales del organismo. Son las respuestas que se generan a nivel fisiológico las que disponen la corporalidad y generan la energía para desempeñar nuestros comportamientos.

Toda emoción tiene su génesis en un estímulo. Éste puede ser un estímulo que provenga del mundo exterior o del mundo interior. Una reflexión preocupante sobre el futuro, el recuerdo de

---

6 Plasencia, Juan José, *Vive tus emociones,* Urano, Barcelona, 2006

un hecho traumático o un pensamiento erótico, pueden desencadenar el mecanismo emocional.

Lo primero que habría que aclarar al respecto es que, en realidad, lo que genera el proceso biológico emocional no es en sí el estímulo, sino la interpretación que sobre el mismo realizamos. Como comentamos en el capítulo anterior, en el proceso de percepción se pone en funcionamiento en forma simultánea la recepción del estímulo por parte de nuestros sentidos y la asignación del significado particular que sobre el mismo hacemos. En el proceso concurrente de recibir el estímulo y darle una evaluación valorativa, intervienen nuestros modelos mentales, nuestra memoria emocional y también el estado de ánimo que tengamos en ese momento.

> No es el hecho en sí, sino la interpretación que le asignamos lo que desencadena la emoción y la consecuente reacción corporal.

Veamos un ejemplo. Supongamos que hemos invitado a almorzar a nuestra casa a un amigo japonés que viene por primera vez a la Argentina. Bajamos juntos del coche y cuando entramos a nuestro hogar, al abrir la puerta sentimos un intenso olor a milanesas, lo cual nos llena de alegría ya que es nuestro plato preferido. También sabemos que cuando nuestra pareja nos quiere alagar y hacer un cariño, nos prepara milanesas y esto también nos produce una gran satisfacción y agrado. Automáticamente podemos registrar los signos corporales de nuestra emocionalidad. No sólo el aumento de la saliva que podemos notar en nuestra boca ante la representación de las milanesas que vamos a saborear, sino también la alegría que se expresa en una amplia sonrisa, la apertura que registramos en nuestro pecho y nuestra erguida posición corporal con la que avanzamos hacia la cocina. Nuestro amigo percibe el mismo olor, pero no sabe qué lo origina ni puede asignarle ningún significado debido a que nunca en su vida comió milanesas. Puede que le guste o le desagrade el olor, pero no le produce ninguna emoción ya que para él no tiene un poder evocativo.

El estímulo fue el mismo, en el mismo lugar y en el preciso instante, pero la interpretación en la percepción de ambos fue distinta y, por lo tanto, desencadenó una emocionalidad diferente. No es el hecho en sí, sino la interpretación que le asignamos lo que desencadena la emoción y la consecuente reacción corporal.

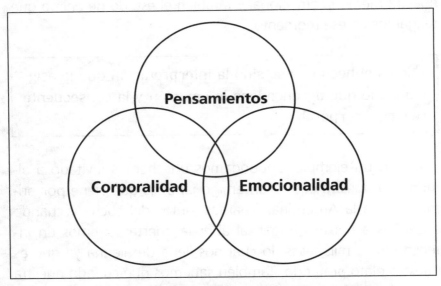

Interdependencia entre las dimensiones del ser humano

Hemos visto la relación directa que se establece entre pensamientos, emocionalidad y corporalidad, veamos cómo se efectiviza este proceso biológico y fisiológico de la emoción. Supongamos que sucede algo en nuestro entorno que podemos interpretar como una situación de peligro o amenaza. En este caso el sistema límbico del cerebro se pone al mando y a través del hipotálamo envía la señal al resto del organismo por dos vías: la vía nerviosa (sistema nervioso autónomo) y la vía hormonal.

El sistema nervioso autónomo o neurovegetativo es el que actúa independientemente de nuestra voluntad y regula todas las actividades vitales que realizamos en forma automática (sistema circulatorio, respiratorio, digestivo). En el caso de una señal de peligro envía la información a todos los órganos para que los mismos reaccionen en forma pertinente. El corazón aumenta la frecuencia cardíaca con el propósito de bombear más sangre y oxígeno a los órganos que así lo requieren. Al aumentar la fuerza de contracción del corazón se eleva la presión arterial y de esta forma los músculos reciben más sangre que a su vez trae en su torrente la glucosa que ha liberado el hígado a los efectos de que la musculatura se contraiga y esté en condiciones de actuar con velocidad y vigor. Los bronquios se dilatan y la respiración se acelera con el objetivo de oxigenar rápidamente todo el organismo. Se produce una dilatación de las pupilas, lo que permite agudizar la visión. Las glándulas suprarrenales liberan adrenalina al torrente sanguíneo y esta hormona refuerza la señal de activación de todos los órganos y libera la energía para que el cuerpo esté en condiciones de realizar las acciones necesarias.

Poseemos un amplio repertorio de emociones y cada emoción genera una disposición corporal particular, preparando al organismo para actuar en una forma específica. Por ejemplo, en la emoción de la felicidad o la alegría se pone en funcionamiento, dentro del sistema nervioso autónomo, el sistema parasimpático (a diferencia del miedo que se activa el sistema simpático) que produce una sensación de relajación y tranquilidad. Disminuye la frecuencia cardiaca, relaja los músculos y aquieta la respiración. Por la vía hormonal se libera endorfina que genera en el organismo un estado de reposo y bienestar. Las endorfinas, conocidas como "hormonas de la felicidad", actúan como neurotransmisores producidos por la glándula pituitaria y son las responsables de crear las sensaciones de placer, júbilo y contrarrestar el dolor.

> Poseemos un amplio repertorio de emociones y cada emoción genera una disposición corporal particular.

Hemos descrito el comportamiento de nuestro cuerpo físico-emocional frente a la emoción del miedo y la felicidad, pero es importante reiterar que esta relación pensamientos-emoción-corporalidad se pone en funcionamiento frente a cualquier situación y es por esto que sostenemos que cada emoción genera una disposición corporal para la acción, dentro de la cual hay conductas que podemos realizar y otras que no. Sería impensable que dentro de la corporalidad de la ira nos dispongamos a disfrutar de una deliciosa comida, o que podamos mantener una tranquila conversación con alguien.

> Un viejo cacique de una tribu mantenía una charla con sus nietos acerca de la vida. Él les dijo: una gran pelea está ocurriendo dentro mío... ¡es entre dos lobos!
>
> Uno de los lobos es temor, ira, dolor, tristeza, culpa, resentimiento...
>
> El otro es alegría, paz, optimismo, serenidad, compasión.
>
> Esta misma pelea está ocurriendo dentro de ustedes y dentro de todos los seres de la tierra.
>
> Lo pensaron por un minuto y uno de los niños preguntó a su abuelo:
>
> ¿Y cuál de los lobos crees que ganará?
>
> El viejo cacique respondió simplemente: "El que tú alimentes".

Génesis del lenguaje no verbal

*"Quien no comprende una mirada
tampoco comprenderá una larga explicación".*
Proverbio árabe

Este vínculo profundo de mutua interdependencia entre estos tres dominios del ser humano (pensamientos, emocionalidad y corporalidad), es lo que explica de qué manera se genera el lenguaje no verbal. Como hemos visto, la reacción corporal surge en forma automática a través del vínculo entre el sistema límbico del cerebro, el sistema neurovegetativo y la vía hormonal. Su funcionamiento no depende de ningún tipo de decisión que tome voluntariamente el individuo. Es el proceso de pensamiento el que desencadena una determinada emocionalidad y ésta a su vez la que genera el estado corporal acorde a la misma.

La corporalidad, que se expresa a través de lo que denominamos "lenguaje no verbal", es la que transmite preponderantemente el estado emocional de las personas. Es por esto que es mucho más sencillo controlar lo que decimos que lo que sentimos, ya que si bien podemos elegir qué decir y qué callar, generalmente nuestras emociones brotan y se manifiestan inconscientemente en nuestra corporalidad.

La corporalidad, que se expresa a través de lo que denominamos "lenguaje no verbal", es la que transmite preponderantemente el estado emocional de las personas.

Cotidianamente nos pasa que en nuestras interacciones comunicacionales, por más que nuestro interlocutor no haga ninguna mención explícita a su emocionalidad o inclusive cuando haga un esfuerzo para disimularla, si observamos su lenguaje no verbal (posición corporal, movimientos, gestos, su mímica facial, el énfasis de su enunciación e inclusive sus silencios), claramente podremos percibir su emocionalidad.

También, muchas veces nos ha sucedido que no queremos manifestar alguna emoción, como por ejemplo de enojo o fastidio, y para eso cuidamos muy bien las palabras que utilizamos, y sin embargo, nuestros interlocutores perciben nuestro estado emocional. Algún rictus en nuestra cara, el tono o volumen de nuestra voz, la alteración del color de nuestro rostro, el ritmo de nuestra respiración o algún mínimo gesto de crispación delatan nuestro estado interno. Sigmund Freud afirmaba que: *"Los mortales no pueden guardar ningún secreto. Si sus labios callan, chismean con la punta de sus dedos; la traición se abre paso a través de todos los poros".*

Congruencia e incongruencia

"Lo que haces, habla tan alto que no permite escuchar lo que dices".
Ralph W. Emerson

Este estrecho vínculo entre pensamientos, emocionalidad y corporalidad es lo que hace que cuando percibimos alguna "incongruencia" entre lo que se dice mediante el lenguaje verbal y lo que se expresa a través del lenguaje no verbal, instintivamente tendemos a guiarnos por este último. La mayoría de las personas, cuando registran una diferencia entre lo que se formula verbalmente y lo que se manifiesta corporalmente, tienden a "creerle" a lo que revela su interlocutor a través del lenguaje no verbal, y esto es así porque sabemos por experiencia que la corporalidad es algo mucho más difícil de controlar y por lo tanto es más creíble.

Cuando en una conversación sentimos **"congruencia"** en nuestro interlocutor, naturalmente nos genera tranquilidad y confianza ya que nos permite presuponer que lo que dice es coherente con lo que piensa y siente. Podemos decir que una persona es congruente cuando está alineada y existe una total coherencia entre lo que piensa, lo que siente y lo que dice. La congruencia interna tiene un impacto muy positivo en la comunicación interpersonal ya que transmite sinceridad y comunica convicción, y por lo tanto tiende a generar confianza en el interlocutor.

> Hay congruencia cuando existe una total coherencia entre lo que se piensa, lo que se siente y lo que se dice.

Por el contrario, cuando percibimos **"incongruencia"** nos genera inquietud y desconfianza. Es lógico que esto suceda, ya que el lenguaje no verbal de la persona da cuenta de su estado emocional, y a su vez éste es producto de su proceso de pensamiento, y por lo tanto, si sentimos que lo que la persona expresa a través de su discurso verbal no es coherente con su emocionalidad, naturalmente nos ponemos en alerta y sin duda tendemos a desconfiar de lo que se manifiesta con la palabra.

Pensemos por ejemplo cuando le preguntamos a alguien cómo anda y nos contesta que "muy bien", pero su corporalidad expresa tristeza, preocupación o abatimiento ya que tiene los hombros caídos, la mirada perdida y se expresa en un tono lento y bajo; o cuando alguien nos habla muy correctamente pero percibimos señales de incomodidad o disgusto a través de un tono de voz, un rictus en su expresión o la tensión en sus hombros. Sin duda, esta incongruencia surge como un impedimento para una comunicación efectiva.

Gregory Bateson, uno de los precursores de la Psicología Sistémica, investigó el impacto de este tipo de comunicación en chicos esquizofrénicos. Desarrolló el concepto de comunicación de "doble vínculo" para describir el efecto que se genera cuando la comunicación verbal (lenguaje digital) es contradictoria con la no verbal (lenguaje analógico). Obviamente este impacto es mucho mayor y puede generar importantes consecuencias si esta forma de comunicación se da de manera habitual y reiterada, en un ámbito donde la persona afectada no puede salir fácilmente. Por ejemplo, cuando la madre le manifiesta al hijo su cariño y luego cuando el niño se quiere acercar, ésta le expresa corporalmente su rechazo. Este "doble mensaje" genera confusión y un impacto emocional en quien lo recibe.

Lenguaje no verbal voluntario e involuntario

> "Las emociones son pensamientos manifestados en el cuerpo".

Existen numerosos libros que abordan el tema del lenguaje no verbal y en la mayoría se pretende establecer una especie de "diccionario" donde a cada gesto o postura corporal se le asigna un significado particular. Al respecto podemos decir dos cosas: por un lado afirmar que algunos signos del lenguaje no verbal tienen cierto carácter universal ya que expresan la misma emocionalidad más allá de la edad, género o ubicación geográfica donde se manifieste, y por otro lado, que es imposible establecer un "diccionario" del lenguaje no verbal ya que muchas veces el mismo gesto o la misma corporalidad pueden significar cosas diferentes en distintas personas o disímiles circunstancias, y que la lectura de este lenguaje debe realizarse en forma holística, es decir, tomando en cuenta el conjunto de las expresiones no verbales, el contexto y la situación en la que las mismas se manifiestan.

Analicemos en profundidad estos dos enunciados. Para analizar el primer postulado referido a una cierta universalidad de algunos signos del lenguaje no verbal, primero debemos realizar una distinción entre los aspectos voluntarios (conscientes) y los no voluntarios (inconscientes) de nuestra expresión paraverbal.

Para analizar el lenguaje no verbal que realizamos en forma voluntaria basta observar a una pareja que está en una actitud de seducción. Aunque no se exprese nada en forma explícita, esta actitud la vamos a poder notar en el tono de la voz, en la posición corporal, en cómo se aproximan los cuerpos, en un leve roce de una mano, en la forma de mirar y sonreír, y en un conjunto de señales y gestos que cada uno realizará de acuerdo a su personalidad, al contexto y a la circunstancia en la que se encuentren.

> La lectura del lenguaje no verbal debe realizarse en forma holística, tomando en cuenta el conjunto de las expresiones, el contexto y la situación en la que las mismas se manifiestan.

La mayoría de estas señales que se realizan en forma consciente, pueden variar de una persona a otra y están condicionadas por la situación, la cultura social y el ámbito donde transcurre la situación. No se seduce de la misma manera en Argentina que en Afganistán y no es lo mismo en el siglo veintiuno que en el catorce. Seguramente también variará si se trata de dos adolescentes en un baile o de dos adultos mayores en un centro de jubilados. En el lenguaje no verbal que realizamos de manera consciente y voluntaria no existe universalidad alguna ni posibilidad de categorizar en forma inequívoca.

Sin embargo, cuando anteriormente explicábamos la génesis del lenguaje no verbal, decíamos que nuestra corporalidad se manifiesta como resultado del vínculo de interdependencia que existe con nuestra emocionalidad y nuestros procesos de pensamientos, y que esto funciona en forma automática, independientemente de nuestra voluntad. Son estas expresiones de nuestra corporalidad, que se manifiestan en forma involuntaria e inconsciente, en las que se puede establecer algún tipo de universalidad ya que las mismas están determinadas por nuestra estructura biológica y fisiológica.

Quiero compartir con ustedes una experiencia personal. Mientras trabajaba en la escritura de este capítulo, un día vino a visitarme mi hijo con mi nieto. En un momento, mientras nosotros conversábamos, el niño comenzó a gatear hacia un lugar donde había una escalera. Mi hijo consideró que esto podía ser peligroso y le dijo en un tono enérgico que no fuera para allá. Automáticamente mi nieto dejó de gatear, se sentó en el piso, lo miró al padre y comenzó a hacer "pucheros" y luego a llorar.

Más allá de la anécdota me pareció un buen ejemplo de cómo funciona el lenguaje no verbal. El niño, a los nueve meses, no podía entender ni darle significado a la frase dicha por su padre, pero comprendía perfectamente el lenguaje no verbal y sabía que ese tono de su voz implicaba una emocionalidad que no era la acostumbrada. Esa interpretación, automáticamente le generó la emocionalidad de angustia que se manifestó en la corporalidad del "puchero" y luego en el llanto. El "puchero" es un gesto que se manifiesta cuando la emocionalidad de la angustia o la tristeza activan un conjunto de músculos que están en torno a la boca y esto se produce en forma inconsciente e involuntaria.

Son estos aspectos del lenguaje no verbal, que se manifiestan en forma espontánea y que por lo tanto son muy parecidos en todos los seres humanos, en los que generalmente se basan los actores cuando tienen que componer la emocionalidad de algún personaje.

Áreas de expresión del lenguaje no verbal

"Recuerda que el día en que naciste todos reían y tú llorabas;
vive de tal forma que cuando mueras todos lloren y vos rías".
Proverbio Persa

Como comentamos anteriormente, la observación de la expresión no verbal debe realizarse en forma global y sistémica. Guiarnos por un gesto, movimiento o tonalidad de la voz en forma aislada, puede inducirnos al error y a la mala interpretación. Para asignarle un significado al lenguaje no verbal en forma correcta, se debe tomar en cuenta el conjunto de señales corporales y paraverbales, y a su vez interpretarlas en el contexto y en la situación en que las mismas se generan.

Podemos realizar una primera aproximación al tema, caracterizando las tres grandes áreas de expresión del lenguaje no verbal:

los macro comportamientos, los micro comportamientos, y la voz y la elocución.

1. Los macro comportamientos
- La postura corporal.
- Los gestos y movimientos.

2. Los micro comportamientos
- La posición de la cabeza.
- El contacto visual.
- La mirada y el parpadeo.
- El color y la humedad de la piel.
- El ritmo y posición de la respiración.
- El tono muscular.
- El movimiento del cuello al tragar saliva.
- Micromovimientos de la boca, nariz y cejas.

3. La voz y la elocución

Incluimos la voz y la elocución dentro del dominio de lo no verbal ya que lo paralingüístico aporta sentido al decir. Así como en la comunicación escrita tenemos recursos como las negritas, las bastardillas o el subrayado, que utilizamos para resaltar algún concepto o señalar la importancia de algún aspecto, en las conversaciones recurrimos a los recursos elocutorios a los mismos efectos.

Algunos recursos:

La **entonación** es portadora de significados. La acentuación pronunciada, el énfasis, el subrayado con la voz de una palabra clave o frase, son recursos de la entonación.

La **velocidad** con que emitimos las palabras es una herramienta poderosa para mantener la atención e imprimir sentido a nuestro discurso. También puede interpretarse como inseguridad un habla lenta o impaciencia una muy rápida.

Las **pausas** entre las palabras u oraciones son recursos que se utilizan para resaltar lo que se acaba de decir. También pueden denotar incertidumbre.

El **volumen** puede transmitir diversos estados de ánimo. Un volumen alto puede indicar enojo, animación o agresividad; un volumen bajo puede significar timidez, cansancio o desgano.

Sin duda, lograr una correcta interpretación del conjunto de las manifestaciones del lenguaje no verbal, implica una cierta complejidad y requiere una capacitación y entrenamiento que permita realizar esta observación en forma efectiva. Siempre es importante realizar una "lectura" global y tener en cuenta los factores situacionales y de contexto que le pueden aportar diferente significación a la misma señal.

Radar emocional

> *"La clave para entender a los otros*
> *es entenderse a uno mismo".*
> **Helen Williams**

Podríamos preguntarnos qué tan buenos somos para registrar las emociones de las personas que nos rodean. Cuán atentos estamos a los estados de ánimo de nuestros hijos, cuán sensibles somos como para percibir y comprender la emocionalidad de nuestra pareja, cuál es nuestra capacidad para darnos cuenta de los cambios en el clima emocional de nuestro equipo de trabajo.

La percepción emocional es la capacidad de captar el estado anímico de las personas. Supone un continuo intento de comprender los sentimientos y la realidad subjetiva del otro. Implica estar atentos y conscientes acerca de las señales que en forma permanente emiten nuestros interlocutores y que pueden "leerse" como expresiones de sus estados internos. Poder comprender que ese gesto casi imperceptible en la cara de nuestro interlocutor puede ser una señal de que algo de lo que dijimos le afectó, lo inquietó o no le gustó, puede ser tan importante como la destreza de desentrañar el significado de un texto escrito.

Señalamos anteriormente que el vínculo entre emocionalidad y corporalidad hace que nuestras emociones tengan un necesario correlato en expresiones inconscientes que realizamos en forma automática a nivel corporal. La percepción emocional consiste en prestarle atención a este conjunto de sutiles señales corporales, decodificarlas y darles la interpretación apropiada.

Esta habilidad para leer el lenguaje no verbal y acceder a los estados de ánimo de las personas que nos rodean, es algo que todos vamos desarrollando desde pequeños y constituye un elemento fundamental en las relaciones humanas. Es una destreza que, empleada con acierto, facilita el desenvolvimiento de los vínculos interpersonales.

Uno de los factores que influyen en esta competencia, está relacionado con el nivel de *"conciencia emocional"* y con el vínculo que tenga el individuo con sus propias emociones. La capacidad de reconocer y comprender nuestra propia emocionalidad, nos procura una base desde la cual operar nuestro "radar emocional".

Las personas que tienen dificultades para percibir las emociones de los demás, generalmente expresan esta incompetencia como una torpeza social y son vistos como sujetos fríos e insensibles. Muchas veces, cuando estamos muy cansados, sumergidos en una emocionalidad de preocupación o metidos en nuestro propio "rollo interno", perdemos de vista al otro y dejamos de percibir las señales de su emocionalidad. El desactivar nuestro radar emocional generalmente nos trae consecuencias no muy gratas en nuestras relaciones interpersonales, ya que al desconocer las emociones del otro, éste se siente molesto, herido o ignorado.

> La capacidad de reconocer y comprender nuestra propia emocionalidad, nos procura una base desde la cual operar nuestro "radar emocional".

Concluimos este capítulo con un relato que ilustra la complejidad que implica la interpretación del lenguaje no verbal.

Disputa por señas

Sucedió una vez que los romanos que carecían de leyes para su gobierno fueron a pedirlas a los griegos, que sí las tenían. Estos les respondieron que no merecían tenerlas ni las podían entender, puesto que su saber era tan escaso.

Pero si insistían en conocer y usar estas leyes, antes les convenía disputar con sus sabios para ver si las entendían y merecían llevarlas. Dieron como excusa esta gentil respuesta.

Respondieron los romanos que aceptaban de buen grado y firmaron un convenio para la controversia.

Como no entendían sus respectivos lenguajes se acordó que disputasen por señas y fijaron públicamente un día para su realización.

Los romanos quedaron muy preocupados y sin saber qué hacer, porque no eran letrados y temían el vasto saber de los sabios griegos. Así cavilaban cuando un ciudadano dijo que eligieran un rústico y que hiciera con la mano las señas que Dios le diese a entender.

Buscaron un rústico muy astuto y le dijeron: "Tenemos un convenio para disputar por señas con los griegos; pide lo que quieras y te lo daremos, socórrenos en esta lid".

Lo vistieron con hermosos paños de gran valor, como si fuese un doctor en filosofía. Subió a una cátedra y dijo con fanfarronería: "De hoy en más vengan los griegos con toda su porfía".

Llegó allí un griego, filósofo sobresaliente, alabado y escogido entre todos los griegos. Subió a otra cátedra, ante todo el pueblo reunido.

Comenzaron sus señas como se había acordado.

Levantóse el griego, sosegado, con calma y mostró sólo un dedo, el que está cerca del pulgar. Luego se sentó en su mismo sitio.

Levantóse el rústico, bravucón y con malas pulgas, mostró tres dedos tendidos hacia el griego y luego se sentó mirando sus vestiduras.

Levantóse el griego, tendió la palma llana y se sentó luego plácidamente. Levantóse el rústico con su vana fantasía y con porfía mostró el puño cerrado.

A todos los de Grecia dijo el sabio: "Los romanos merecen las leyes, no se las niego". Levantáronse todos en sosiego y paz.

Gran honra proporcionó a Roma el rústico villano.

Preguntaron al griego qué fue lo que dijera por señas al romano y qué le respondió éste. Dijo: "Yo expresé que hay un Dios, el romano dijo que era uno en tres personas e hizo tal seña. Yo dije que todo estaba bajo su voluntad.

Él respondió que en su poder estábamos, y dijo verdad. Cuando vi que entendían y creían en la Trinidad comprendí que merecían leyes certeras".

Por su parte los romanos le preguntaron al rústico cuáles habían sido sus ocurrencias: "Me dijo que con un dedo me quebraría el ojo y tuve gran pesar e ira. Le respondí con saña, con cólera y con indignación que yo le quebraría los ojos con dos dedos y los dientes con el pulgar. Me dijo después de esto que le prestara atención, que me daría tal palmada que los oídos me vibrarían. Yo le respondí que le daría tal puñetazo que en toda su vida no llegaría a vengarse. Cuando vio la pelea tan despareja dejó de amenazar a quien no le temía".

Cuento del *"Libro del Buen Amor"* de Juan Ruiz

Capítulo 4

La comunicación
como interacción

Todo comunica

"No es posible no comunicarse".
Paul Watzlawick

Lo invito a que imagine algunas situaciones. La primera situación: usted está realizando una presentación o dando una charla a un grupo de colegas y observa que entre los participantes alguien bosteza y luego mira el reloj. La segunda situación: está conversando con un conocido y mientras usted habla, su interlocutor saca su teléfono celular y comienza a contestar un mensajito. Tercera situación: sube a un taxi, le indica al taxista su destino y éste arranca el auto sin dirigirle la palabra, enseguida usted le hace un comentario sobre el clima y luego sobre el tránsito y el taxista permanece callado.

La pregunta es ¿en estos casos hubo comunicación? ¿usted recibió algún mensaje de sus eventuales interlocutores? Según como respondamos estas preguntas realizaremos diferentes abordajes de la comunicación humana. Si equiparamos lenguaje verbal con comunicación, si pensamos que sólo nos comunicamos cuando le decimos algo a alguien, o si reducimos el fenómeno de la comunicación interpersonal al diálogo o a la conversación que mantenemos con otra persona, la respuesta a las preguntas formuladas sería negativa, diríamos que no hubo comunicación ya que en las tres situaciones nadie le dirigió la palabra.

Sin embargo, si volvemos a introducirnos en las situaciones descriptas, es muy probable que cuando observe que alguien de su auditorio bosteza y luego mira el reloj, usted piense que dicha persona está aburrida o desinteresada con lo que usted está diciendo, y cuando usted está hablando y su amigo se pone a contestar un mensajito por su celular, es posible que piense que se trata de alguna urgencia o suponga que no está muy interesado en continuar esa conversación. Lo mismo con el taxista, ya que su silencio ante distintos intentos de entablar una conversación, seguramente será tomado por usted como un inequívoco mensaje de que no desea mantener un diálogo.

Es decir, en ninguna de las situaciones nadie le dirigió la palabra y sin embargo usted recibió un mensaje. Por lo tanto, nuestra respuesta a las preguntas formuladas es que en todas las situaciones se produjo un intercambio comunicacional, una interacción que cumplió una función de comunicación. Y esto es así porque los seres humanos tenemos la necesidad de otorgarle sentido a todo lo que acontece. Está en nuestra esencia interpretar y darle un significado a cualquier hecho, acontecimiento, conducta o comportamiento que observemos. Por lo tanto, podemos afirmar que en cualquier interacción humana, toda conducta o comportamiento tiene la función de comunicación.

Conducta = Comunicación

Esta definición rompe con las concepciones que conciben a la comunicación como transmisión de información o que constriñen la comunicación humana a la utilización del lenguaje verbal.

Desde esta mirada, pensaremos a la **comunicación interpersonal** como un complejo proceso donde dos o más personas interactúan en un determinado contexto, en el cual toda conducta, palabra, gesto o posición corporal será interpretado en un determinado sentido y este significado impactará en la emocionalidad y en el comportamiento del interlocutor, generando así una continua dinámica relacional.

En cualquier interacción humana, toda conducta o comportamiento tiene la función de comunicación.

Iremos por partes analizando y profundizando esta definición. Dijimos que toda conducta tiene una función comunicativa. Frente a esto cabría preguntarse ¿existe la "no conducta"?, ¿es posible "no comportarse"? Trataremos de responder estos interrogantes apelando a nuestra experiencia cotidiana y no a la especulación intelectual. Le propongo un ejercicio. Trate de no realizar ninguna conducta o comportamiento. Si ante esta invitación usted se quedó callado y sin realizar ningún tipo de movimiento o gesto, le diría que esto también es un comportamiento.

La comunicación interpersonal es un proceso donde dos o más personas interactúan en un determinado contexto en el cual toda conducta, palabra, gesto o posición corporal es interpretado en un determinado sentido y este significado impacta en la emocionalidad y en el comportamiento del interlocutor generando así una continua dinámica relacional.

Piense en la situación en que usted está manteniendo una conversación con alguien y de pronto esta persona se queda callada y sin realizar ningún tipo de gesto o movimiento ¿Diría que de pronto dejó de comunicarse o le asignaría algún sentido a este comportamiento? Seguramente buscaría alguna explicación a esta conducta y de acuerdo a la interpretación que le atribuya, esto impactaría en su emoción y en su consecuente comportamiento. No sería la misma su actitud si pensara que esta persona le está haciendo una broma, o que no le interesa lo que usted le está diciendo, o que tiene un problema neuronal que de pronto lo dejó paralizado. De acuerdo a cómo sea su interpretación, va a ser su reacción. Es decir, el supuesto "no comportamiento" resulta ser una conducta que tiene un efecto comunicativo de acuerdo al significado que se le atribuya a la misma. Por lo tanto, podemos concluir que si es imposible "no comportarse" también lo es no comunicarse.

En tal sentido, no importa si el comportamiento es voluntario o involuntario, si se realizó en forma consciente o inconsciente, lo importante es que en la medida en que se le atribuye un significado, se constituye en una acción comunicativa y por lo tanto todo comportamiento humano tiene valor comunicativo.

Comunicación interpersonal

> "Un individuo no comunica;
> participa en una comunicación
> o se convierte en parte de ella".
> **Ray Birdwhistell**

Esta mirada nos abre a una perspectiva diferente de la comunicación humana. En el primer capítulo polemizamos con la concepción que asimila lenguaje verbal a conversación, y decíamos que el proceso de una conversación es mucho más que el hablar y el escuchar.

Al advertir que toda conducta es comunicación, podemos avanzar un paso más en este sentido y afirmar que el concepto de comunicación interpersonal es más amplio que el de conversación, ya que puede haber comunicación sin que se emita ninguna palabra.

Un aspecto a tener en cuenta es el contexto y la situación en la que se produce la acción comunicativa, ya que ambos elementos pueden aportarle significados diferentes. Por ejemplo, si frente a un desconocido me presento estrechando su mano, seguramente esta acción será interpretada como un gesto de cortesía; a diferencia de esto, si una persona conocida se acerca para saludarme con un beso y yo le extiendo la mano, es probable que este comportamiento sea interpretado como una actitud de poner distancia con esa persona. La acción fue exactamente la misma y sin embargo el contexto le asigna un significado muy diferente.

> El concepto de comunicación interpersonal es más amplio que el de conversación, ya que puede haber comunicación sin que se emita ninguna palabra.

El rol del contexto en la comunicación

"No esperes ser siempre impecable con tus palabras.
Tus hábitos rutinarios son demasiado fuertes
y están firmemente arraigados en tu mente,
pero puedes hacer tu máximo esfuerzo".
Miguel Ruiz

El contexto no sólo adquiere importancia en la atribución de significado en la interacción comunicacional, sino que también algunas personas utilizan con mucha habilidad este recurso para comunicar al interlocutor el clima de la conversación y generar una emocionalidad funcional al objetivo que se plantean.

En tal sentido recuerdo un ejemplo muy significativo. Hace muchos años trabajé en una institución en la que había una costumbre: cuando cualquiera de los jefes de área tenía una reunión con el Director, al concluir la misma sus colegas le preguntaban *"¿adónde te ha sentado?"*. Esta costumbre era originada en el hecho de que el Director tenía un despacho muy amplio en el cual estaba su escritorio y una mesa redonda. El escritorio era un mueble antiguo, muy señorial y de importantes dimensiones, donde de un lado estaba el sillón del Director y del otro lado una silla. En la otra punta del despacho había una mesa redonda con sillas todas iguales a su alrededor.

Cuando algún miembro de la institución entraba a esta oficina, esperaba que el Director le señalara adónde debía sentarse, es decir, en qué lugar iba a transcurrir la reunión. Si le señalaba la silla que estaba a un lado del escritorio, el interlocutor automáticamente pensaba que la reunión iba a ser corta y no iba a haber mucho diálogo. Seguramente el Director lo había convocado para darle una instrucción específica, transmitirle una indicación determinada o bien reprenderlo por algún acontecimiento. Si, por el contrario, el Director lo invitaba a sentarse en torno a la mesa redonda y él también lo hacía, era de presumir que iban a mantener una conversación distendida, que seguramente intercambiarían opiniones sobre alguna problemática, o analizarían juntos alguna toma de decisión.

En aquel momento esto constituía una anécdota simpática que compartíamos los integrantes de esa organización, pero con el tiempo pude valorar la habilidad de comunicación de ese Director y su capacidad para transmitir el clima deseado de la conversación que iba a realizar, aun antes de formular la primera palabra.

La comunicación como interacción

*"La comunicación es como el eco,
uno recibe lo que emite".*

Para poder abordar la comunicación interpersonal en toda su complejidad es necesario observarla como un "proceso de interacción" en un contexto determinado, donde los participantes establecen una dinámica relacional en la que sus respectivos dichos y hechos impactan en el otro en un continuo y permanente proceso de influencias recíprocas.

Diversas teorías que han analizado el fenómeno de la comunicación humana desde diferentes puntos de vista, tienen en común el hecho de compartir un "enfoque unidireccional" (causa-efecto) del proceso comunicacional. Es decir, que las explicaciones propuestas sobre dicho proceso hacen foco exclusivamente en el efecto que produce el hablar (causa) sobre el escuchar o –dicho de otra manera– el emisor sobre el receptor. Analizan ambas acciones comunicacionales (el hablar y el escuchar) como fenómenos separados o a través de su nexo causal. Desde nuestra perspectiva, esta manera de abordaje del proceso comunicacional parcializa la mirada, segmenta el proceso de interacción y no permite comprender la profundidad y complejidad que despliegan los seres humanos en su dinámica relacional.

La comunicación interpersonal es un "proceso de interacción" donde los participantes establecen una dinámica relacional en la que sus respectivos dichos y hechos impactan en el otro en un continuo y permanente proceso de influencias recíprocas.

A diferencia de esto, el "enfoque sistémico" propone una mirada holística de la comunicación humana, y plantea que todos los participantes del proceso de la interacción comunicacional, establecen un vínculo de interdependencia y de influencia recíproca. Esto implica comprender que en un intercambio comunicacional se generan sucesivos e ininterrumpidos causas-efectos en una dinámica circular, donde lo que comunicamos desde múltiples modos de comportamiento (palabras, gestos, mirada, mímica, espacio interindividual, tonalidad y volumen de la voz) produce un efecto en el otro, que a su vez genera una respuesta que se va a constituir en la causa de nuestro comportamiento y así sucesivamente. Es por esto que cuando sólo analizamos cómo impacta (el efecto) lo que decimos o lo que escuchamos, estamos haciendo un recorte del proceso y perdemos de vista esta continua circularidad que se establece en la dinámica relacional.

Desde esta perspectiva, toda comunicación interpersonal es el resultado de un proceso de mutuas y sucesivas interacciones. Influimos y somos influenciados en forma permanente por todo lo que decimos y hacemos en un intercambio comunicacional.

> **Toda comunicación interpersonal es el resultado de un proceso de mutuas y sucesivas interacciones.**

La Psicología Sistémica es la disciplina que ha sido pionera en este enfoque relacional de la conducta humana, superando el clásico enfoque de la Psicología tradicional centrado en el interior del individuo y abriendo el campo de estudio de lo transindividual y de lo interpersonal. Es decir, se plantea observar a las personas no sólo en sus características particulares, sino también en sus compartimentos en relación a los diferentes vínculos, situados en contextos y circunstancias específicas. Paul

Watzlawick[7], uno de los principales referentes de la Psicología Sistémica, sostiene al respecto que: "Los participantes individuales en la interacción humana, afirman que sólo reaccionan frente a la conducta del otro, sin comprender que, a su vez, influyen sobre aquel a través de su propia reacción".

La interdependencia vincular

"La resistencia en el receptor
nos habla de la inflexibilidad del emisor".

Le propongo que haga un ejercicio. En primer lugar identifique tres personas de características de personalidad muy diferentes con las que tenga un trato asiduo. Pueden ser de su ámbito' laboral o personal. Piense en el tipo de relación que tiene con cada una de ellas y reflexione cómo es usted en esos vínculos. Es decir, qué tipos de comportamientos y conversaciones tiene habitualmente cuando está con cada uno de ellos y qué emocionalidades se le producen en las interacciones que comparten.

Seguramente descubrirá que en alguna relación usted se manifiesta de una manera amable y segura, y que en otras está más retraído o a la defensiva. Puede ser que identifique que con alguno se divierte más que con otro y que le surge naturalmente el buen humor, o también puede ser que se dé cuenta de que en alguna de estas relaciones le surge un aspecto suyo más

---

7 Watzlawick Paul y otros, *Teoría de la comunicación humana*, Editorial Tiempo Contemporáneo, Bs. As., 1971

protector o de dar consejos. Pueden ser estos o cualquier otro comportamiento que se produzca en usted en la interacción con las diferentes personas.

> **Influimos y somos influenciados en forma permanente por todo lo que decimos y hacemos en un intercambio comunicacional.**

También puede hacer este mismo ejercicio en relación a distintas parejas amorosas que haya tenido. Cualquiera que ha hecho el amor con más de una persona en su vida, seguramente ha podido experimentar las disímiles actitudes y comportamientos que se le producen en los diferentes vínculos. Tal vez alguien le despierte ternura, otro lo intimide, alguien le genere una pasión desenfrenada u otro una total apatía e indiferencia. También puede suceder que con alguien que usted siempre se comportaba de una determinada manera, con el correr del tiempo ese vínculo haya ido cambiando y por lo tanto también su conducta en relación a esa persona. De hecho es lo que sucede en muchas parejas que perduran a través del tiempo.

Una vez que detectó los distintos comportamientos que son habituales en usted cuando está con estas diferentes personas, le pido que reflexione acerca de qué actitudes y acciones de ellos hacen que se generen en usted estos comportamientos. En la medida en que usted pueda ir detectando y observando la relación que existe entre las conductas de los otros y sus propios comportamientos, podrá visualizarse desde una perspectiva relacional e interpersonal. Es decir, que si bien usted siempre es el mismo, tiene una particular forma de ser en relación al vínculo con el otro, al contexto y a la situación en la cual transcurra.

Si esta perspectiva es válida para usted, también lo es para el resto de los seres humanos. Si sus conductas están condicionadas e influenciadas por las acciones, conversaciones y emociones de los otros, es válido pensar que a los otros les pasa lo mismo, y que a su vez las acciones y emociones de ellos están influenciadas por las suyas. Por lo tanto, continuando el ejercicio, podría ahora pensar qué tipos de actitudes, conductas y conversaciones usted realiza con cada una de estas personas, que de alguna manera condiciona que ellos hagan lo que hacen.

> Si bien usted siempre es el mismo, tiene una particular forma de ser en relación al vínculo con el otro, al contexto y a la situación en la cual transcurra.

Observar cómo las conductas se desarrollan de manera recursiva y circular, y percibir la mutua y continua influencia que se establece en la dinámica relacional, nos permite afirmar que podemos pensar a todo vínculo como un "sistema". A esto se refiere esta frase del Talmud:

Yo soy yo y tú eres tú.
Tú eres tú y yo soy yo.
Entonces, ni tú eres tú,
ni yo soy yo.
Yo soy yo porque tú eres tú.
Y tú eres tú porque yo soy yo.
Entonces, yo soy yo
y tú eres tú.

El vínculo como sistema

"Todas las partes del organismo
forman un círculo y por lo tanto,
cada una de las partes
es tanto comienzo como fin".
Hipócrates

Al plantear que todo vínculo puede observarse y analizarse como un "sistema", estamos diciendo que en toda comunicación interpersonal se ponen de manifiesto las leyes de la "Teoría General de los Sistemas".

La primera característica que define la existencia de un sistema es que sus integrantes establecen una relación de interdependencia y mutua influencia. Este aspecto, que ya analizamos de qué manera se manifiesta en toda comunicación interpersonal, da origen a la segunda característica de un sistema, que es la continua circularidad de causa-efecto que se establece en la interacción comunicacional.

Esta característica la observo cotidianamente cuando, en mi rol de consultor y coach organizacional, acompaño a un equipo a mejorar sus vínculos y a su superar su desempeño. Por ejemplo, me reúno con el gerente o responsable del equipo y me comenta que los integrantes del mismo están desmotivados, que no asumen un fuerte compromiso con el trabajo ni con el logro de los objetivos establecidos y que eso lo obliga a decirles una y otra vez las tareas que deben realizar y a estar permanentemente controlando que las acciones encomendadas se lleven a cabo.

> La relación de interdependencia y mutua influencia da origen a la continua circularidad de causa-efecto que se establece en la interacción comunicacional.

Puede ser que luego de esta conversación me reúna con uno o varios de los integrantes de su equipo de trabajo y me comenten que el estilo de conducción de su gerente los fastidia y les quita toda iniciativa y motivación por el trabajo que deben realizar. Seguramente me dirán que en forma permanente está encima de ellos recordándoles y reiterándoles las tareas que ya saben que tienen que efectuar, no permitiendo que realicen ninguna innovación y controlando en forma continua el trabajo realizado.

El relato de los hechos es bastante similar, lo que difiere notablemente es la interpretación que cada una de las partes le otorga a los mismos. Mientras el gerente piensa que su comportamiento es el "efecto" de las conductas de los miembros de su equipo, éstos consideran que dichos comportamientos son la "causa" de sus respectivas conductas.

En este tipo de situaciones no importa quién tiene razón, lo significativo es entender que ambas partes observan la situación desde una perspectiva sesgada y unilateral, sin darse cuenta de que han entrado en un círculo vicioso donde ambos retroalimentan la conducta del otro, por más que les resulte disfuncional.

Y aquí surge la tercera característica del funcionamiento de un sistema: el principio de la retroalimentación. Porque en esta circularidad de la interacción comunicacional, de ininterrumpidos y sucesivos causa-efectos, se genera un fenómeno de retroalimentación de la conducta del otro u otros componentes del sistema, donde una conducta genera un efecto que a su vez se constituye en la causa del comportamiento del interlocutor y así sucesivamente.

Al respecto Paul Watzlawick[8] afirma que: *"Los sistemas interpersonales pueden entenderse como circuitos de retroalimentación, ya que la conducta de cada persona afecta la de cada una de las otras y es, a su vez, afectada por éstas".*

---

8 Watzlawick Paul y otros, *Teoría de la comunicación humana,* Editorial Tiempo Contemporáneo, Bs. As., 1971

En la circularidad de la interacción comunicacional, de ininterrumpidos y sucesivos causa-efectos, se genera un fenómeno de retroalimentación de la conducta del otro.

Un fenómeno emergente de esta característica es lo que se denomina *"profecías autocumplidoras"*. Esto se refiere al hecho de que cuando uno de los integrantes del vínculo parte del supuesto o de la creencia de que el otro va a actuar de determinada manera, esto condiciona su propio comportamiento de forma tal que las acciones que realiza, en muchas oportunidades generan en el otro el comportamiento pronosticado. De esta manera, la persona ve confirmada su profecía, retroalimentando a su vez su propio comportamiento, ya que lo sigue visualizando como consecuencia de la conducta del otro y nunca como su causa.

Características sistémicas de todo vínculo

- Sus integrantes establecen una relación de interdependencia recíproca.

- La continua circularidad de causa-efecto.

- La mutua retroalimentación de conductas.

- El efecto de las "profecías autocumplidoras".

- El "efecto dominó".

El vínculo como sistema

Pensemos en una persona que tiene la creencia de que en cualquier trabajo se usa y maltrata a las personas, que los jefes son autoritarios, abusan de su poder y siempre realizan acciones que perjudican a sus empleados. Esta persona considera que esto es una injusticia y que no debe permitir bajo ningún aspecto que abusen de ella. Por lo tanto, apenas ingresa a algún trabajo, se pone a la defensiva, no realiza ninguna tarea que considere que excede su responsabilidad y reacciona bruscamente cuando piensa que su jefe le da alguna orden que constituye un abuso de poder. Ante estas actitudes su jefe la empieza a visualizar como una persona conflictiva y al poco tiempo la desvinculan de la empresa. Este hecho hace que la persona vea confirmada su profecía y retroalimente su comportamiento.

Caso 1: Esteban

Hace unos años Esteban me contó la siguiente historia. Me dijo que estaba casado hace muchos años y que amaba a su mujer. Se habían puesto de novios de muy jovencitos y se habían casado a los 20 años. Él rondaba los 45 y llevaba más años casado que soltero.

Si bien en todo este tiempo él consideraba que habían sido muy buenos compañeros y amantes, reconocía que su vida matrimonial hacía algunos años que había perdido romanticismo y había sido tomada por la rutina.

En un viaje de trabajo conoció a un colega más joven que le contó que estaba de duelo ya que hacía pocos meses había fallecido su mujer de una enfermedad fulminante.

Esto lo hizo reflexionar acerca de la rutina en la que había caído su matrimonio y la gran responsabilidad que le cabía a él por haber centrado el foco de su atención en el trabajo. En ese mismo momento tomó la decisión de recuperar el romanticismo que en algún momento tuvo con su pareja.

Al retornar a su ciudad y de camino del aeropuerto a su casa, decidió hacer algo que nunca había hecho. Paró en una florería y le compró un enorme ramo de rosas rojas a su esposa. Alegre y entusiasmado llegó a su casa y le entregó el regalo a su mujer.

Lo que nunca hubiera sospechado fue la reacción de ella, que arrojó las flores sobre una mesa y lo increpó duramente, acusándolo de haberse acostado con otra mujer. Le dijo que en más de 25 años que se conocían jamás le había regalado una flor, y que si ahora lo hacía seguramente era por la culpa de haberla engañado.

A la mujer no hubo ninguna explicación que la hiciera cambiar de opinión y el matrimonio se fue transformando en un calvario.

Cuando mi amigo me contó esta historia hacía tres meses que había sucedido este episodio. Me dijo que la convivencia se había tornado imposible y que había optado por separarse temporariamente de su esposa; que hacía una semana que vivía en un hotel y que la noche anterior, por primera vez en su vida, se había acostado con una mujer que no fuera su esposa.

Es decir, la profecía se había cumplido...

En estos casos es la expectativa acerca del comportamiento del otro la que genera la conducta y pone en marcha el mecanismo, desencadenando un conjunto de acciones que muchas veces concluyen en el hecho que se suponía podía suceder, confirmando de esta forma la validez de la "profecía" realizada y reforzando el comportamiento asumido.

Esta circularidad de sucesivos causa-efecto que se retroalimentan mutuamente, muchas veces genera un encadenamiento de sucesos que se conoce como *"efecto dominó"*. Esto pasa cuando un hecho o dicho lleva a otro y así sucesivamente hasta llegar a una situación totalmente insospechada cuando se comenzó el ciclo. Estas situaciones muchas veces son típicas en peleas de pareja donde una mala contestación genera un reproche y este a su vez otro, que es contestado con un gesto de desagrado, que a su vez motiva un dicho ofensivo, que es devuelto con un insulto, que provoca un grito, que es contestado con una amenaza, que es devuelto con un portazo, que a su vez... Y siga usted el relato hasta donde le parezca oportuno.

Todos nosotros, en los diversos ámbitos de nuestra vida, hemos experimentado numerosas situaciones donde se van encadenando dichos y hechos llevándonos a situaciones inesperadas. Pueden ser desagradables, como el ejemplo anterior, o muy placenteras, pero lo cierto es que si tuviéramos la oportunidad de preguntarle a cualquier protagonista por qué actuó como actuó, seguramente la respuesta sería que fue como consecuencia de la conducta del otro. Lo paradójico de estas situaciones es que ambos tendrían razón.

La intervención sistémica

*"Las dificultades y los obstáculos
arrojan al hombre de vuelta hacia sí mismo.
Pero mientras el hombre común busca la culpa afuera,
es decir, en otros hombres y acusa al destino,
el noble busca la falla en sí mismo,
y en virtud de este ensimismamiento,
el impedimento externo se transforma para él
en motivo de formación y enriquecimiento interior".*
I-Ching

Podemos afirmar sin miedo a equivocarnos que gran parte de los éxitos y fracasos de nuestra vida, un porcentaje importante de lo que logramos o no logramos tanto a nivel personal como laboral, está en relación a los vínculos que conseguimos construir. La calidad de nuestros vínculos condiciona y determina nuestra vida. Vínculos familiares, de amistad, laborales o profesionales jalonan nuestra historia y generan gran parte de la felicidad o el sufrimiento de nuestro existir.

Muchas veces los vínculos que tenemos con determinadas personas no nos resultan satisfactorios y podemos optar por salir de esa relación. Pero ¿qué pasa cuando estas situaciones conflictivas se plantean en relaciones que nos resultan altamente significativas? Cuando tenemos un desencuentro con un familiar, o una pelea con un amigo, o cuando se deteriora nuestra relación de pareja, o nos enemistamos con nuestro jefe o nuestro socio.

> Gran parte de los éxitos y fracasos de nuestra vida, un porcentaje importante de lo que logramos o no logramos tanto a nivel personal como laboral, está en relación a los vínculos que conseguimos construir.

Generalmente en estas situaciones nos sentimos lastimados, ofendidos o perjudicados por la conducta del otro. Pensamos que si el otro no tuviese ese tipo de comportamientos la relación sería perfecta y la vida sería más feliz. Muchas veces llegamos al extremo de querer cambiar al otro: a nuestro hijo, a nuestros padres, a nuestra pareja o a algún compañero de trabajo, sin entender que esto es imposible. Al respecto, la renombrada terapeuta familiar Virginia Satir afirma que: "Nadie puede convencer a otro de que cambie. Cada uno de nosotros custodia la puerta del cambio que sólo puede abrirse desde adentro. No podemos abrir la puerta de otro, ni con argumentos ni con apelaciones emocionales".

Pero si bien es cierto que es imposible cambiar al otro, no menos cierto es que es factible modificar el vínculo. Es decir, que no podemos cambiar al otro pero podemos transformar el tipo de comportamientos que el otro realiza en relación al vínculo que tiene con nosotros.

Al comprender que todo vínculo es un "sistema" y que por lo tanto todos sus integrantes establecen una relación de interdependencia e influencia recíproca, podemos inferir que es posible modificar el comportamiento del otro en la medida que cambiemos nuestras propias conductas.

Si lo analizamos con detenimiento y profundidad podremos descubrir que este postulado puede adquirir una notable importancia en nuestra vida, ya que decíamos que la misma está constituida en gran parte por los vínculos que establecemos en los diferentes ámbitos en los que nos desempeñamos. Tomar conciencia de que podemos influir en las conductas de nuestros interlocutores a través de nuestros comportamientos, nos pone en el lugar de asumir nuestra propia responsabilidad.

Muchas veces nos percibimos como *"víctimas"* del comportamiento de otros y decimos frases tales como: *"me haces poner triste"*, *"la culpa es tuya que me haces enojar"*, *"mi jefe me altera, me hace poner nervioso"*, *"mi mujer me hace la vida imposible, se la pasa protestando todo el día"*. Estas narrativas dan cuenta de un tipo de pensamiento donde consideramos nuestra conducta y emocionalidad como un efecto inevitable de la conducta ajena y, por lo tanto, no asumimos ninguna responsabilidad por la misma.

El común denominador de estos relatos es que exponen el problema como algo que sucede fuera de nuestro control, ante lo cual nada podemos hacer. Centran la explicación en variables externas sobre las cuales no tenemos incidencia ni responsabilidad. Desde esta perspectiva somos "víctimas" de las acciones de otros.

> En toda relación, los comportamientos de uno son a la vez causa y consecuencia del comportamiento del otro.

Lo que queda oculto, o no podemos ver cuando optamos por visualizarnos como víctimas del comportamiento ajeno, es que esta forma de analizar lo que nos sucede nos puede tranquilizar, nos puede justificar ante los otros y ante nosotros mismos, pero nos deja en la impotencia, en la inacción y como meros espectadores de nuestra propia vida. Después de relatar estas narrativas podríamos decir: *"si nada tengo que ver, nada puedo hacer"*. Por el contrario, si reflexionamos sobre el hecho de que en toda relación los comportamientos de uno son a la vez causa y consecuencia del comportamiento del otro, podríamos decir: *"como soy parte del problema, puedo ser parte de la solución"*.

Al tomar conciencia que en todo vínculo las conductas de ambos participantes tienen influencia recíproca, podemos decidir modificar el tipo de relación que mantenemos con el otro a través de transformar nuestras propias conductas.

Asumir la responsabilidad por el tipo de vínculo que establecemos, significa que no podemos controlar las conductas que adoptan las demás personas, pero podemos y debemos determinar qué hacemos nosotros con ello. A partir de asumirnos como responsables de lo que nos acontece, podemos pensar acerca de cómo nuestros comportamientos estarán afectando al otro, o de qué manera lo que hacemos o dejamos de hacer puede estar generando aquellas conductas del otro que consideramos disfuncionales a nuestro vínculo. Podemos indagarnos acerca de qué podemos hacer que no estemos haciendo, qué comportamiento podemos cambiar y qué aprendizaje debemos realizar al respecto.

> No podemos cambiar al otro, pero podemos modificar el tipo de relación que mantenemos con el otro a través de transformar nuestras propias conductas.

Al observarnos como responsables de los resultados que queremos obtener y al entender que podemos modificar el vínculo a través de nuestras propias conductas, se abren nuevas posibilidades de acción y mayores probabilidades de lograr nuestros objetivos y mejorar nuestra calidad de vida.

Esto sabemos.
Todo está conectado,
como la sangre
que une a una familia.
Lo que le acaece a la tierra,
acaece a los hijos e hijas de la tierra.
El hombre no tejió la trama de la vida;
es una mera hebra de la misma.
Lo que le haga a la trama,
se lo hace a sí mismo.

Ted Perry

Capítulo 5

Competencias conversacionales

*"Cambiemos nuestras conversaciones y
crearemos un mundo distinto".*
Humberto Maturana

Al advertir la dimensión que adquieren nuestras conversaciones y de la manera que influyen en todos los ámbitos de nuestra vida, surge con claridad la importancia vital de desarrollar nuestra competencia en el *arte de conversar*.

Cada conversación es un hecho único. Es el encuentro y el intercambio entre dos o más individuos. En toda conversación se establece un ida y vuelta incesante de palabras, gestos, acciones y emociones, una circularidad de la interacción que establece un proceso de retroalimentación y mutua influencia. Hablamos, escuchamos, observamos y asignamos sentido tanto al lenguaje verbal como al no verbal y a todo comportamiento de nuestro interlocutor en relación al contexto y a la situación comunicacional.

Mientras conversamos realizamos en forma secuencial o simultánea un conjunto de acciones: hablamos (exponemos o indagamos), escuchamos, establecemos una relación e intercambiamos nuestra emocionalidad. En función de estas acciones proponemos que el arte de conversar con efectividad está en estrecha relación con el desarrollo de cinco **"Competencias Conversacionales"**:

1. Hablar con poder.
2. Escuchar en profundidad.

3. Indagar con maestría.
4. Entrar en sintonía.
5. Conversar en forma constructiva.

El **"Hablar con poder"** está relacionado con advertir que accionamos a través del poder transformador de la palabra y que todo hablar es un actuar. Pero lo realmente revelador y sorprendente es que cuando reflexionamos acerca de qué tipo de acciones realizamos cuando hablamos, llegamos a la conclusión de que podemos detectar un conjunto específico y limitado de acciones que se repiten en todo idioma que se utilice en cualquier parte del planeta.

Podemos identificar seis acciones universales realizadas en el lenguaje, que llamaremos "Actos Lingüísticos":

- Afirmaciones
- Juicios
- Declaraciones
- Pedidos
- Ofrecimientos
- Compromisos

Cada una de estas acciones que ejecutamos en el lenguaje verbal cumple un rol específico en nuestras conversaciones. Las tres últimas las desarrollaremos con amplitud en el capítulo de "La coordinación de acciones".

"Escuchar en profundidad" supone considerar que cuando realizamos la acción de escuchar, estamos asignándole un significado a todo lo que oímos y vemos de nuestro interlocutor. Generalmente se piensa que es más importante el hablar, ya que éste parece ser el lado activo de la comunicación, mientras que al escuchar se le suele considerar como pasivo.

Desde la concepción tradicional de la comunicación se pone un exclusivo énfasis en la habilidad para expresarse, lo que lleva a la mayoría de las personas a subestimar la acción de la escucha. Generalmente cuando alguien considera que debe mejorar sus habilidades comunicativas, se refiere a cómo hablar mejor y no a cómo escuchar mejor. Es por esto que la gran mayoría de los cursos de comunicación están enfocados en el decir y no en el escuchar.

Para poder profundizar en el análisis de la escucha debemos tener en cuenta que cuando nos comunicamos lo hacemos a través del lenguaje de las palabras, pero también del lenguaje no verbal, y, por lo tanto, cuando estamos desde el lugar de la escucha, escuchamos ambos lenguajes en forma simultánea.

La importancia de **"Indagar con maestría"** deviene de su doble rol en un contexto conversacional. La indagación es el medio que utilizamos para poder "escuchar mejor": para profundizar en el sentido del discurso de nuestro interlocutor, para obtener mayor información y para aclarar nuestras dudas acerca de lo que escuchamos. Pero también la indagación es un poderoso instrumento que nos permite profundizar en los niveles de análisis, guiando el proceso de pensamiento en búsqueda de nuevos sentidos e interpretaciones. Cualquier persona que utiliza sus conversaciones como su herramienta de trabajo, desde un terapeuta, un coach, hasta un vendedor, conoce el importante rol que cumplen las preguntas en la interacción comunicativa.

"Entrar en sintonía" es un elemento clave para establecer una comunicación de alta calidad. Podemos definir la *"sintonía"* como el vínculo que se establece en la conversación, de tal modo que se crea un clima de confianza y entendimiento. Cuando entramos en *sintonía* con alguien tenemos la sensación de estar ligados por una imperceptible melodía que nos guía en la sutil danza de la comunicación. La *sintonía* se establece entre las personas no tanto por lo *que* se dice, sino por *cómo* se dice. Tiene más relación con el *"proceso"* que con el *"contenido"* de la conversación.

"**Conversar en forma constructiva**" implica tomar conciencia de la actitud con la que asumimos nuestras conversaciones. Podemos poseer excelencia en nuestra competencia comunicativa y utilizar nuestros conocimientos y habilidades para desacreditar a nuestro interlocutor, para imponerle nuestro punto de vista, para "ganar" el debate o para exaltar nuestro ego.

Que las conversaciones se desarrollen en forma constructiva depende en gran medida de una actitud de respeto al otro y de aceptar la legitimidad de las distintas opiniones. De esta manera se puede concebir la conversación como una instancia de intercambio y aprendizaje mutuo.

I. Hablar con poder

Las acciones del lenguaje

> "La palabra es una gran dominadora,
> que, con un cuerpo pequeñísimo e invisible,
> realiza obras por demás divinas".
> **Gorgias de Leontini**

Cuando en algún curso comienzo a abordar la temática de los "Actos Lingüísticos", generalmente les propongo realizar un ejercicio. Les pido que describan el aula en la que estamos y que cada uno mencione un atributo de ese ámbito. En la medida que comienzan a indicar diversas características, las voy escribiendo en el pizarrón. La lista que queda armada puede ser algo parecida a la siguiente: *luminosa, amplia, confortable, con sillas de madera, pintada de color crema, cálida, rectangular, con sillas incómodas, con pizarrón verde, ruidosa.*

Finalizada la lista les pido que analicen los atributos mencionados y vean qué les sugiere. Rápidamente surge el comentario de que dichas características se podrían agrupar en dos categorías diferentes: las que son "descriptivas" (*pintada de color crema, rectangular, con sillas de madera, con pizarrón verde*) y las que son "valorativas" *(luminosa, amplia, confortable, con sillas incómodas, cálida, ruidosa).*

A la acción de describir, de dar cuenta de una realidad tangible, verificable, la llamaremos **"afirmación"** y a la acción de evaluar, opinar o expresar el propio punto de vista, la llamaremos **"juicio"**. Esta distinción tiene suma importancia, ya que la utilización en forma inconsciente de nuestros juicios valorativos como si fuesen una descripción de la realidad, genera gran parte de los problemas de la comunicación interpersonal.

Por ejemplo, cuando alguien al referirse al aula dice *"con sillas de madera"* o cuando alguna otra persona expresa *"con sillas incómodas"*, nos parece estar escuchando una descripción de las sillas del aula. En efecto, estas dos proposiciones se ven parecidas, pero independientemente de sus similitudes formales implican dos acciones diferentes.

> La utilización en forma inconsciente de nuestros juicios como si fuesen una descripción de la realidad, genera gran parte de los problemas de la comunicación interpersonal.

En el primer caso se trata de una *afirmación*. Quien la realiza está describiendo algo que puede observarse y comprobarse y, por lo tanto, podrá proporcionar evidencias que corroboren la veracidad de la misma. Quien emite la segunda frase está realizando un *juicio* sobre el confort de las sillas. En este caso la frase no es verdad ni mentira, ya que no describe algo tangible, sino que revela la opinión y el estándar de evaluación de la persona sobre la comodidad de las sillas.

Así como las **afirmaciones describen la realidad** que podemos observar y los **juicios interpretan esa realidad** y enuncian el punto de vista del observador, el acto lingüístico que expresa con mayor claridad el carácter generativo del lenguaje lo denominamos *declaración*. Las **declaraciones construyen la realidad** a través del poder transformador de la palabra.

Hablar con poder

- Las Afirmaciones describen la realidad que podemos observar.

- Los Juicios interpretan la realidad y enuncian el punto de vista del observador.

- Las Declaraciones generan una nueva realidad.

Los Actos Lingüísticos

En las declaraciones el lenguaje es preexistente a la realidad que genera. Cuando declaro en una clase *"hagamos este ejercicio"* algo distinto transcurre, cuando a algún alumno le declaro *"está aprobado"*, o a otro *"está aplazado"*, sus realidades cambian. Cuando un empresario le declara a un empleado *"está contratado"* o *"está despedido"*, para esa persona el mundo ya no es el mismo que antes.

Así como cada uno de estos Actos Lingüísticos se caracteriza por cumplir un rol específico en el contexto conversacional y en el dominio del accionar humano, también cada uno de ellos lleva implícito un **compromiso social**. Cuando realizamos una *afirmación* contraemos el compromiso con la veracidad de lo enunciado y con la posibilidad de suministrar evidencias que la sustenten debidamente. Cuando formulamos un *juicio* nos comprometemos con la validez de nuestra opinión y con la necesidad de fundamentar debidamente el punto de vista expuesto. Cuando efectuamos una *declaración* nos comprometemos a comportarnos consistentemente con la nueva realidad que hemos de generar. Analicemos a continuación cada una de estas acciones del lenguaje.

Los compromisos de los Actos Lingüísticos

- Con una Afirmación contraemos el compromiso con la veracidad de lo enunciado y con la posibilidad de suministrar evidencias que lo sustenten.

- Con un Juicio nos comprometemos con la validez de nuestra opinión y con la necesidad de fundamentar debidamente el punto de vista expuesto.

- Con una Declaración nos comprometemos a comportarnos consistentemente con la nueva realidad que hemos de generar.

Los compromisos del hablar

Describir la realidad

"El desarrollo del lenguaje ha sido como el descubrimiento del fuego... una increíble fuerza primordial.
A través del lenguaje creamos el mundo".
Joseph Jaworsky

Las *afirmaciones* son aquellos actos lingüísticos en los que describimos el mundo que podemos observar. Cuando realizamos una afirmación damos cuenta de lo que acontece, nos referimos a algo que precede a la palabra.

Y como la situación, el acontecimiento, el objeto o el sentimiento preexisten a la afirmación que la describe, las afirmaciones pueden ser **verdaderas o falsas**, en tanto que coincidan o distorsionen esa realidad previa. Si alguien afirma que *"las ventas aumentaron un 5% el último mes"*, *"la productividad bajó con respecto al año pasado"* o *"concurrieron 300 personas al lanzamiento del nuevo producto"*, debería estar en condiciones de poderlo verificar y proveer evidencias que corroboren la veracidad de la *afirmación*.

La importancia de las afirmaciones surge del hecho de que sólo podemos intervenir y transformar el mundo que somos capaces de observar. En este sentido las afirmaciones se vinculan al ámbito de la información. Por ejemplo, alguien realiza la *afirmación: "Las empresas X y Z acaban de firmar un convenio de fusión"*. A partir de esta información alguna persona puede considerar la posibilidad de comprar o vender acciones de dichas empresas, cosa que no podría hacer si no hubiese tenido acceso a esa afirmación.

También puede suceder que esa información no le signifique absolutamente nada y no le implique tomar ningún tipo de acción. En función de esto podemos establecer la distinción entre afirmaciones **relevantes o irrelevantes,** según la relación que ellas tengan con nuestros intereses, inquietudes y dominios de acción.

> Sólo podemos intervenir y transformar el mundo que somos capaces de observar.

Permanentemente seleccionamos información y lo hacemos en función del criterio de importancia y relevancia con respecto a las acciones que tenemos que emprender. Es significativo destacar que toda afirmación enunciada en una conversación, implica una opinión de relevancia. Por ejemplo, si en una reunión destinada a planificar las actividades de capacitación para el personal jerárquico, alguien informa la cifra del presupuesto asignado al área de informática, esta información no va a ser considerada con la misma relevancia que si algún otro informa la cantidad de participantes involucrados en el proceso de capacitación.

Cuando distintas personas realizan diferentes afirmaciones sobre una misma situación, no sólo brindan información sobre distintos aspectos de la misma, sino también sobre sus criterios de relevancia. Observando las *afirmaciones* de las personas podremos saber qué temas o aspectos considera importante cada uno, en dónde focaliza la atención y cuáles son sus intereses y su orden de prioridades.

Afirmaciones

Pueden ser:

- **Verdaderas o falsas**
  de acuerdo a la evidencia que se provea

- **Relevantes o irrelevantes**
  de acuerdo con nuestras inquetudes. Toda *Afirmación* enunciada en una conversación implica una opinión de relevancia.

Clasificación de las Afirmaciones

Esto surge con claridad en reuniones de equipos gerenciales o entre integrantes de distintas áreas de una empresa, donde cada cual enfoca la situación desde su ámbito de incumbencia. Así, por ejemplo, la persona del área de producción informa sobre el stock o sobre la capacidad de producción en un tiempo determinado, el de comercialización informa acerca de la tendencia de consumo de los clientes y el de finanzas sobre las posibilidades económicas de realizar determinada inversión. Entender y respetar por qué cada cual le asigna mayor o menor importancia a determinado tipo de información, es un tema que se torna central en el trabajo en equipo en cualquier ámbito organizacional.

Las afirmaciones se hacen siempre dentro de un "espacio de distinciones" establecido, en el marco de un determinado acuerdo colectivo que genera una estructura de sentido compartida. Diferentes comunidades desarrollan disímiles consensos sociales mediante los cuales aceptan algo como verdadero o falso. Esto puede variar o evolucionar con el tiempo. Por ejemplo, en el año 1200 se consideraba verdadero que el Sol giraba en torno de la Tierra. En la medida en que los consensos cambian, así también se modifica lo que consideramos verdadero o falso.

Interpretar la realidad

> "No hay espejo que mejor refleje
> el alma del hombre que sus palabras".
> **Juan Vives**

Un *juicio* es una interpretación, una valoración que expresa la perspectiva de la persona sobre su experiencia. Cuando formulamos un *juicio* estamos emitiendo una opinión, declarando nuestra "posición" con respecto a determinado evento o situación. Son estas opiniones, que expresan nuestros gustos, preferencias, valores, parámetros de evaluación y hasta nuestras convicciones más profundas, las que determinan nuestro rumbo de acción y, por lo tanto, las que nos van constituyendo en el tipo de persona que somos.

Dos individuos que participan de la misma realidad social, económica y cultural pueden poseer juicios distintos, puntos de vista contrapuestos sobre un sinnúmero de circunstancias y esto determinará que sientan y actúen en forma disímil. Podrán diferir sobre lo que se debe hacer y lo que no se debe, lo que es posible o inalcanzable, lo que es necesario o superfluo, lo que es bello o desagradable, lo que es deseable o detestable, lo que es entretenido o aburrido, lo que es confiable o peligroso. Y a partir de esos juicios tomarán sus decisiones y direccionarán sus vidas hacia uno u otro lado.

> Son las opiniones las que determinan nuestro rumbo de acción y nos van constituyendo en el tipo de persona que somos.

En cada momento y frente a cada circunstancia, muchas veces en forma automática, emitimos juicios u opiniones (utilizaremos estos términos como sinónimos). Miles de veces por día formulamos nuestros juicios frente a hechos cotidianos *(me gusta este vino, me molesta el ruido de este lugar)*, frente a hechos trascendentes *(me parece un buen negocio para invertir, me resulta interesante esta propuesta)* o ante otras personas *(me gusta esa mujer, este proveedor no me inspira confianza)*. Son tantas las veces y las circunstancias en las que formulamos juicios, que muchas veces se nos pasa desapercibida su trascendencia y el impacto que los mismos ejercen sobre nuestras vidas.

La importancia de los juicios reside en la interpretación que proveen, ya que en base a la misma definimos nuestro rumbo de acción. En cada toma de decisión se ponen en funcionamiento, de forma explícita o implícita, un conjunto de juicios. Los mismos constituyen el basamento sobre el que los seres humanos decidimos nuestras acciones. Si considero que va a subir la demanda aumento la producción, si evalúo que me merezco un aumento de sueldo lo reclamo y si opino que un proveedor me merece confianza contrato sus servicios.

Los juicios tienen una enorme incidencia en nuestra capacidad de acción ya que **conforman el fundamento para la toma de de-**

cisiones. De la evaluación de la información, de la ponderación de los datos, de la interpretación de la situación, resolvemos un curso de acción u otro. Por lo tanto, del tipo de juicios que hagamos se desprende la efectividad y la calidad de nuestro accionar.

A partir de los juicios que realizamos generamos nuevas posibilidades y limitamos otras. Como los juicios actúan como las brújulas de nuestro accionar, decimos que pueden ser **facilitadores o limitantes** en función de las posibilidades que nos abran o nos cierren.

> La importancia de los juicios reside en la interpretación que proveen, ya que en base a la misma definimos nuestro rumbo de acción.

Esto se relaciona con el ejemplo de cómo algunas personas "ven" (tienen el juicio que está) el vaso medio lleno, mientras otros "ven" (tienen el juicio que está) el vaso medio vacío. O en el mundo de las empresas algunos "ven" (tienen el juicio que hay) oportunidades de negocios, donde otros "ven" (tienen el juicio que hay) amenazas del mercado. Como el clásico cuento del vendedor de zapatos que luego de recorrer distintos poblados llama a su casa matriz desilusionado y le comunica que no hay ninguna posibilidad de venta ya que la gente no usa zapatos. A la semana siguiente llega un vendedor de otra empresa y luego de realizar el mismo recorrido llama a su compañía y enfervorizado les informa que ha descubierto un mercado con un inmenso potencial, ya que la gente aún no conoce el producto y no existe la competencia. Las posibilidades, las oportunidades o las amenazas no están en el "territorio", sino en el "mapa" con el que lo analizamos y lo evaluamos. Son nuestras interpretaciones las que determinan las posibilidades de nuestro accionar.

Esto se puede observar con respecto a los *juicios limitantes* que tenemos sobre nosotros mismos. Muchas veces pensamos *"esto no me va a salir bien", "mejor no me comprometo porque me va a resultar muy difícil", "yo no soy bueno para ese tipo de tareas".* Y aunque realmente queramos lograr un objetivo, no emprendemos las acciones necesarias por los juicios que tenemos, sin darnos cuenta de que no estamos describiendo una realidad objetiva sino que estamos formulando nuestro particular punto de vista. Lo que consideramos posible o imposible de hacer o lograr es un juicio que realizamos, no un dato de la realidad.

Cuando nos evaluamos a nosotros mismos es importante tener en cuenta las posibilidades que se nos abren o cierran de acuerdo a cómo formulamos el juicio en cuestión. Por ejemplo, el juicio *"soy tímido"* presupone que la timidez es una característica inherente de mi personalidad y, por lo tanto, me deja fijado a la misma. El juicio *"estoy siendo demasiado tímido para mi gusto, en esta etapa de mi vida"*, implica considerar a la timidez como un comportamiento que quiero cambiar en este momento. Por lo tanto, a partir de este juicio podría preguntarme: ¿Qué acciones debo realizar para cambiar? o ¿Qué tengo que aprender para actuar en forma diferente? Y es por esto que podemos considerar a éste último un *juicio facilitador*, ya que nos abre nuevas posibilidades de acción para el logro de nuestros objetivos.

> Lo que consideramos posible o imposible de hacer o lograr es un juicio que realizamos, no un dato de la realidad.

En ámbitos sociales o institucionales los juicios son **válidos o inválidos** en función de la autoridad de quien los formule. Si una comunidad ha otorgado autoridad a alguien para evaluar una situación o un comportamiento, su valoración puede ser considerada como un juicio válido. Por ejemplo, una institución educativa le confiere autoridad al profesor para evaluar a sus alumnos.

La autoridad se desprende de un rol institucional (el referí de un partido, el juez de un tribunal, el gerente de una empresa) o de un acuerdo social. No obstante, aunque reconozcamos la autoridad de quien emite el juicio, siempre podemos tener una opinión diferente. Es fundamental tener presente que los juicios son por naturaleza discrepables y nunca son verdaderos o falsos. Alguien puede reconocer la autoridad del gerente para realizar su evaluación de desempeño y sin embargo disentir con su dictamen. Si el jefe le dice *"realizas muy lentamente tus tareas"*, es claro que posee la autoridad para efectuar ese juicio, aunque el otro pueda no acordar con el mismo. Siempre hay un lugar para la discrepancia, para una interpretación diferente.

> Los juicios son por naturaleza discrepables y nunca son verdaderos o falsos.

Fuera de un ámbito institucional, la validez de un juicio depende de la autoridad que le conferimos a quien lo emite. Si cualquier persona nos dice *"realizas muy lentamente tus tareas"*, podremos responderle *"no me interesa tu opinión"*, lo que equivale a decir *"no te he dado autoridad para emitir ese juicio sobre mis acciones"*. Esto no significa desechar cualquier juicio que no nos guste, sino poder desarrollar la competencia de saber discriminar a qué persona y en qué circunstancia le conferimos autoridad para que emita un juicio sobre nuestra conducta.

El otorgarle autoridad al otro, también implica un juicio de nuestra parte. Supone evaluar que esa persona posee los conocimientos, los criterios y la ética para opinar sobre nuestro comportamiento, de forma tal que nos permita ver áreas de mejora y aprendizaje. También implica un juicio de confianza y tener claro que aunque le otorguemos autoridad podemos discrepar con alguno de sus juicios.

Es fundamental desarrollar la competencia de validar en forma efectiva los juicios que nos posibiliten el aprendizaje. Si nos cerramos a escuchar juicios que, aunque no nos gusten, nos están señalando aspectos nuestros que podemos cambiar o mejorar, nos estamos obstruyendo la posibilidad del crecimiento personal. Si por el contrario, le otorgamos autoridad a cualquier persona que se ponga a opinar sobre nosotros, si no podemos tomar decisiones que contradigan la opinión de los demás, perdemos nuestro Poder Personal y quedamos presos en la mirada aprobatoria del otro. Mucho sufrimiento e impotencia surge cuando nuestro accionar está sujeto al beneplácito de nuestro entorno, cuando vivimos pendientes del juicio de los demás.

Otro aspecto a tener en cuenta es que todo juicio dice más sobre quien lo emite que lo que expresa sobre lo enjuiciado. Nietzsche sostenía que *"Toda idea es siempre dicha por alguien, que al emitirla revela quién es"*. Es decir, toda persona devela el tipo de observador que es a través de su conversación. Y como el juicio no es una descripción de hechos o fenómenos sino una interpretación de los mismos, no existe otro acto lingüístico que permita revelar nuestra forma de ser con mayor profundidad.

> Todo juicio dice más sobre quien lo emite que lo que expresa sobre lo enjuiciado.

Supongamos que se reúnen tres gerentes de una empresa para analizar un problema de baja de productividad y al respecto uno opina que *"el problema de esta organización es que la gente no tiene ganas de trabajar"*, otro sostiene *"si no existe una política de desarrollo, el personal se desmotiva"* y un tercero plantea que *"la dificultad surge por el estilo de conducción de los líderes de equipo"*. Escuchando estos distintos diagnósticos no es mucho lo que podemos saber sobre la organización, pero sí sabemos algo de quien emite cada juicio. A través de sus opiniones las personas revelan información sobre su forma de observar la situación, sus estándares de evaluación, sus creencias, sus preferencias y valores. Los juicios nos permiten observar qué tipo observador es quien los emite.

Opiniones responsables

> "A menudo me he tenido que comer mis palabras
> y he descubierto que no eran una dieta equilibrada".
> **Winston Churchill**

Muchas veces se expresan las opiniones como si fuesen descripciones de la realidad, desconociendo que los juicios son interpretaciones y no etiquetas descriptivas; que no refieren sino que califican de una manera particular de acuerdo al tipo de observador que somos. Esta incompetencia conversacional, que implica utilizar los juicios como si fuesen afirmaciones, es uno de los problemas fundamentales en la comunicación interpersonal y una de las principales causas de malos entendidos, confrontaciones y deterioro en nuestras relaciones, tanto a nivel personal como laboral.

Por ejemplo, el jefe le dice a un miembro de su equipo: *"este informe está mal hecho, es pésimo, no sirve para nada"*. Supongamos que el empleado, que hasta ese momento tenía la convicción de que había elaborado un buen informe, se encuentra con que su jefe considera ineficiente su tarea y lo expresa de una manera que lo descalifica a él personalmente. Además, sin proporcionarle nuevos elementos que le sirvan de guía para rehacer el trabajo de acuerdo a los parámetros de evaluación de su jefe. Esta es una típica interacción inefectiva entre dos integrantes de un equipo de trabajo, que no sólo no aporta a la tarea en común, sino que deteriora el vínculo y enrarece el ámbito laboral.

Cuando se expresan las interpretaciones como si fuesen verdades absolutas, se obstruye la posibilidad de interactuar con efectividad y respeto mutuo. Las personas se sienten agredidas cuando los juicios del otro son formulados como descripciones indiscutibles, en vez de particulares puntos de vista.

Si el jefe hubiese manifestado *"el informe no me satisface"*, su opinión no hubiera pretendido enunciar la verdad sobre el informe, sino revelar su evaluación con respecto al mismo. Esta opinión constituye un juicio válido, ya que quien la enuncia posee la autoridad en ese ámbito organizacional para realizar juicios sobre las tareas de los miembros de su equipo.

> Cuando se expresan las interpretaciones como si fuesen verdades absolutas, se obstruye la posibilidad de interactuar con efectividad y respeto mutuo.

El primer aspecto a tener en cuenta es que los juicios son "propiedad" de quien los emite y que cuando los formulamos como si fuesen descripciones, estamos omitiendo esta cualidad. Es decir, estamos escondiendo nuestra persona. Cuando expresamos *"es lindo"*, en realidad estamos diciendo *"me gusta"*, cuando decimos *"es una tarea difícil"*, estamos diciendo *"considero que me va a costar mucho trabajo"* o cuando el jefe expresa *"el informe está mal hecho"*, está queriendo decir *"el informe no me satisface"*.

La forma correcta de expresar nuestro punto de vista sin pretender que estamos describiendo una realidad objetiva, ni querer imponerle nuestra "verdad" al otro, es manifestar nuestras opiniones desde la "primera persona". Cuando decimos *"yo pienso que"*, *"opino que"*, *"considero que"*, *"evalúo que"* nos responsabilizamos de nuestras propias interpretaciones y respetamos la posibilidad de que el otro disienta con las mismas. Si alguien dice *"esta comida es espantosa"* y otro le replica *"está exquisita"*, se puede generar una discusión donde se pretende demostrar quién posee la verdad con respecto al sabor de la comida. Si por el contrario expresa *"no me gusta esta comida"* y el otro le contesta *"a mí me parece exquisita",* no hay discusión posible ya que cada uno manifiesta su subjetividad en la evaluación del gusto de la comida. Cuando enunciamos nuestras opiniones sin omitir el autor de las mismas, nos hacemos cargo de nuestros juicios y reconocemos la naturaleza subjetiva de toda opinión.

> La forma correcta de expresar nuestro punto de vista es manifestar nuestras opiniones desde la "primera persona", sin omitir el autor de las mismas.

Vayamos a un plano de mayor complejidad. Supongamos que en una reunión gerencial se está debatiendo acerca de la decisión a adoptar con respecto a un determinado producto. Uno de los gerentes dice: *"considero que va a aumentar la demanda de este producto"* y otro sostiene: *"a mi entender ya hemos saturado el mercado y a partir de ahora va a comenzar a disminuir el consumo".* Cualquiera de estas opiniones implica un curso de acción diferente: en un caso aumentar y en el otro diversificar la producción. Las dos opiniones poseen validez desde la autoridad de quienes las enuncian y cada uno se hace cargo de la misma sin pretender describir la realidad, ni desacreditar el juicio opuesto. Está claro, sin embargo, que estas condiciones no son suficientes para tomar una decisión y que es necesaria la fundamentación de los respectivos juicios.

Un aspecto central a tener en cuenta cuando emitimos una opinión, es que todo juicio conlleva el compromiso de su fundamentación. De acuerdo a los fundamentos que se aporten, podremos determinar si los juicios son **fundados o infunda-dos.** Es muy importante en nuestra vida particular y en nuestro desempeño laboral, desarrollar la competencia de fundamentar con claridad y solidez nuestros juicios.

Los juicios pueden ser

- **Facilitadores o limitantes:** de acuerdo a las posibilidades que nos abran o cierren.

- **Válidos o inválidos:** de acuerdo a la autoridad de quien los expresa.

- **Fundados o infundados:** de acuerdo a la fundamentación que los sustente.

Clasificación de los juicios

En este sentido hay que considerar varios aspectos[9]. El primero tiene que ver con **aportar datos observables** que constituyan el soporte de la opinión. Por ejemplo, para fundamentar el juicio *"el informe no me satisface"*, se deberá señalar los aspectos acordados de cómo se realizan los informes. Se podrá decir: *"no posee una introducción que describa el contenido del informe"* *"excede las diez páginas, que es el límite que hemos establecido para informes de este tipo"*, *"omite datos de la auditoría"*, *"posee errores de redacción y ortografía"*, *"posee opiniones no fundamentadas"*. Planteada la conversación en estos términos, el empleado no sólo no se sentirá descalificado, sino que tendrá los criterios para rehacer correctamente su trabajo.

---

9 Echeverría, Rafael, *Ontología del Lenguaje*, Dolmen Ediciones, Santiago, 1994.

El segundo aspecto es **no realizar generalizaciones y cir-cunscribir nuestro juicio al área específica** que estamos evaluando. Muy a menudo extrapolamos incorrectamente una evaluación o interpretación, y olvidamos que los juicios genera-lizados carecen de fundamento. Por ejemplo, cuando decimos *"Carlos es un mal estudiante".* Puede ser que sea un mal estu-diante de matemáticas y física, pero un excelente estudiante de idiomas y música. Por lo tanto, un factor importante para fun-damentar nuestros juicios es determinar con claridad el dominio específico en el que está formulado.

Condiciones para la Fundamentación de los Juicios

1. Aportar datos observables que sustenten el juicio.
2. Circunscribir nuestro juicio al área específica (no reali-zar generalizaciones)
3. Explicitar criterios o los parámetros de evaluación.
4. Definir con qué propósitos formulamos el juicio.

Fundamentación de Juicios

El tercer aspecto está relacionado con **explicitar los criterios o los parámetros de evaluación.** Cada vez que emitimos un juicio estamos comparando algo con un estándar determinado. Si decimos *"considero que este auto gasta mucho",* parecería que "mucho" es una categoría en sí mismo y no una opinión que surge de un determinado punto de comparación. Si por el contrario expresamos *"considero que este auto gasta mucho, ya que de acuerdo a la cilindrada no debería consumir más de un litro de nafta cada diez kilómetros",* estamos evidenciando cuál es el patrón de medición con el cual lo estamos comparando.

Si explicitamos nuestro proceso de pensamiento y compartimos nuestros criterios de evaluación, ponemos en evidencia el sustento de nuestro juicio. Es importante que cuando realicemos juicios en ámbitos laborales o en equipos de trabajo, los estándares estén explícitos y consensuados.

De la interacción inefectiva a la conversación productiva

- "este informe está mal hecho, es pésimo, no sirve para nada"   **Verdad absoluta**

- "el informe no me satisface"   **Juicio personal**

- "el informe no me satisface porque excede las diez págnas, que es el límite que hemos establecido para informes de este tipo y omite datos de la auditoría"   **Juicio fundamentado**

Juicios fundamentados

Por último, es substancial plantearnos **con qué propósito formulamos el juicio**. Decíamos anteriormente que los juicios constituyen la base para la toma de decisiones y, por lo tanto, es fundamental tener claro que podremos realizar distintos juicios sobre un mismo hecho, de acuerdo al tipo de acción con la que esté relacionado. El juicio *"Esteban es una persona confiable"*, podrá diferir si la acción que estamos imaginando es invitarlo a Esteban a participar en un grupo de estudio o prestarle el dinero que nos pidió. Hacemos juicios en aras de alguna acción futura.

> Si explicitamos nuestro proceso de pensamiento y compartimos nuestros criterios de evaluación, ponemos en evidencia el sustento de nuestro juicio.

Imagen pública, identidad privada

"Juzgar a otros es algo peligroso,
no tanto porque te puedes equivocar
en los juicios de las personas,
sino porque puedes estar revelando
la verdad acerca de ti".
Anónimo

Un aspecto a tener en cuenta cuando formulamos un juicio sobre alguna persona, es que nuestras opiniones impactan fuertemente en su *imagen pública.* Cuando hablamos de imagen pública nos estamos refiriendo al conjunto de características y atributos (positivos o negativos) que se le adjudican a todo individuo y a cualquier sujeto social (empresa, institución, organización). Todos tenemos una imagen pública constituida por los juicios que los demás hacen sobre nosotros.

Cuando decimos que una empresa *"tiene productos de mala calidad"* o que *"brinda un servicio de excelencia"*, o cuando formulamos el juicio de que *"Pedro es buen profesional"*, *"Raúl no cumple con sus compromisos"* o *"María no comparte toda la información"*, le estamos atribuyendo determinadas características que, en la medida que son compartidas por otras personas, se constituyen en su imagen pública.

> Todos tenemos una imagen pública constituida por los juicios que los demás hacen sobre nosotros.

Y esto no es algo menor, ya que como dijimos anteriormente, tomamos nuestras decisiones en base a nuestros juicios y, por lo tanto, si creemos que una empresa tiene productos de mala calidad, lo más probable es que decidamos comprarle a la competencia, y si opinamos que Raúl no cumple con sus compromisos, difícilmente decidamos coordinar algún trabajo con él y tal vez optemos por convocar a Pedro a quien consideramos buen profesional. Es decir, los juicios que los demás poseen sobre nosotros condicionan nuestra capacidad de acción y la efectividad de nuestro desempeño.

Es por esto que decimos que la imagen pública es un "capital inmaterial" que condiciona nuestro horizonte de posibilidades. Cuando efectuamos juicios sobre otros o cuando otros realizan juicios sobre nosotros, lo que nos es posible se modifica, mejora o empeora, llegando incluso al extremo de lo que George Gebner denomina "aniquilamiento simbólico". Esto puede suceder cuando alguien que tiene una baja autoestima, recibe juicios negativos de su entorno que lo llevan a desbastar su autopercepción y a paralizar su capacidad de acción.

> Los juicios que los demás poseen sobre nosotros condicionan nuestra capacidad de acción y la efectividad de nuestro desempeño.

Acá surge otro elemento que es **el vínculo que existe entre la imagen pública y la identidad privada.** Podríamos definir a la *identidad privada* como el conjunto de juicios que toda persona posee acerca de sus propias características, valores y atributos con los que se autoidentifica y se autodiferencia.

La situación ideal es cuando nuestra identidad privada nos resulta satisfactoria y, a su vez, podemos comprobar que es coincidente con la percepción que los demás tienen de nosotros.

La pregunta que podríamos formularnos es ¿Qué hacer cuando nuestra identidad privada no coincide con nuestra imagen pública? Al respecto pueden darse diversas circunstancias que analizaremos a continuación.

	Imagen pública +	Imagen pública -
Identidad privada +	Efectividad y Satisfacción personal	Posibilidad de acción y transformación
Identidad privada -	Imagen cosmética o Baja autoestima	Desarrollo personal para poder accionar y transformar

Vínculos entre Imagen Pública e identidad Privada

La primera alternativa se produce cuando alguien tiene un elevado juicio acerca de su desempeño y, sin embargo, las personas con las que habitualmente interactúa opinan que posee notables áreas de incompetencia. Es decir, su identidad privada está sobrevalorada con respecto a su imagen pública.

La identidad privada es el conjunto de juicios que toda persona posee acerca de sus propias características, valores y atributos con los que se autoidentifica y se autodiferencia.

Este tipo de circunstancia surge con cierta frecuencia en las sesiones de coaching que se realizan con la devolución de un *Feedback de 360°*. Esta herramienta, que se utiliza para el desarrollo gerencial, consiste en autoevaluarse en distintos aspectos del desempeño laboral (identidad privada) y luego comparar esta autoevaluación con la evaluación que en forma anónima y confidencial realizan sus superiores, colegas y subordinados (imagen pública). De esta manera la persona puede visualizar y contrastar las coincidencias y diferencias que existen entre la apreciación que él tiene de sí mismo, con la que realizan las otras personas de su entorno laboral.

Caso 2: Aldo

En cierta oportunidad trabajé con un gerente de alto rango, al que llamaremos Aldo, que quedó muy impactado al notificarse de la percepción que tenían sobre él en su ámbito de trabajo. Mientras él se visualizaba como un auténtico líder con una gran apertura a las ideas, sugerencias y opiniones de los demás, los juicios de sus colaboradores y colegas coincidían en que Aldo tenía una actitud cerrada, que se aferraba a sus creencias y que manifestaba una pronunciada dificultad para escuchar otros puntos de vista.

El trabajo que realizamos con Aldo en las sesiones de coaching, fue el de revisar sus propios juicios y analizar si estaban bien fundamentados o si, por el contrario, podía validar los juicios de sus colaboradores y colegas. Obviamente partíamos de la base que ni una ni otra opinión era verdadera o falsa, ya que ambas describían la particular forma de observar de cada uno de los involucrados. Por lo tanto, Aldo podía disentir con los juicios de su ima-

gen pública, lo que no podía hacer a partir de tener conciencia de la opinión de sus colaboradores y colegas, era
desconocer los efectos nocivos que tenían estas opiniones
en la efectividad de su gestión.

Cuando Aldo, después de un análisis retrospectivo, pudo
percibir sus dificultades y áreas de mejora, se comprometió
a realizar un proceso de aprendizaje para incorporar nuevas competencias que le posibilitaran realizar las acciones
que transformen los juicios de sus compañeros de trabajo.

Es importante señalar que nuestra imagen pública tiene un
carácter dinámico y no permanece estática ni inmutable en el
tiempo. Son nuestras acciones las que nos viabilizan cambiar
y transformar los juicios, sobre cualquier aspecto de nuestra
imagen pública que consideremos disfuncional para nuestro
desempeño.

Otra alternativa en este vínculo entre identidad privada e imagen pública, es que haya coincidencia y que ambas den cuenta
de una evaluación negativa. Imaginemos que alguien considera
que posee una actitud de retraimiento y timidez que le dificulta establecer relaciones fluidas con gente que recién conoce y
esto, a su vez, coincida con la opinión de otras personas que lo
consideran poco sociable. En este caso, como en el anterior, es
factible realizar un cambio personal que posibilite efectuar las
acciones que modifiquen la imagen pública.

Nuestra imagen pública tiene un carácter dinámico y no
permanece estática ni inmutable en el tiempo.

La última variable puede producirse cuando la imagen pública es más favorable que la identidad privada. Aquí se pueden
dar dos situaciones absolutamente contrapuestas. La primera es

cuando una persona es consciente de su incompetencia en un área determinada, pero sin embargo logra hacer creer a su entorno de su idoneidad al respecto. En esta circunstancia la imagen es pura cosmética, ya que está basada en juicios infundados y sólo podrá aportarle un beneficio a corto plazo.

La segunda situación es cuando el individuo tiene una baja autoestima y una pobre ponderación sobre sí mismo y, por lo tanto, infravalora sus recursos personales y percibe sus cualidades y competencias por debajo de lo que las consideran las personas de su entorno.

Construir la realidad

> "Y dijo Dios: Hágase la luz;
> y la luz se hizo".
> **Libro del Génesis 1 1-4**

Pensemos en los momentos claves de nuestra vida, cuando tomamos decisiones que marcaron rumbos determinantes. En todas esas instancias la acción estuvo precedida por una declaración. Fue la palabra la que plasmó nuestro compromiso con la creación de una realidad diferente.

Y esto sucede en cualquier orden de la vida. Las declaraciones son los actos lingüísticos que utilizamos para construir algo nuevo, una realidad que antes de la declaración no tenía existencia. Son nuestras declaraciones y nuestro accionar comprometido con las mismas, las que van forjando nuestro futuro y nos van constituyendo en el ser que somos.

Cuando declaramos que vamos a estudiar determinada carrera comenzamos a transitar un camino de aprendizaje; cuando le declaramos nuestro amor a alguien se abre la posibilidad de una nueva relación; lo mismo cuando declaramos que vamos a realizar una compra, que vamos a contratar un servicio, que vamos a renunciar a un empleo o que vamos a emprender un viaje. Siempre después de una declaración algo cambia, se genera una nueva realidad.

> Son nuestras declaraciones y nuestro accionar comprometido con las mismas, las que van forjando nuestro futuro y nos van constituyendo en el ser que somos.

Pensemos entonces qué pasa cuando no efectuamos las declaraciones que queremos y necesitamos realizar. Cuando por miedo, indolencia o apatía no nos animamos a comprometernos a realizar aquello que nos es significativo. Cuando, por ejemplo, a pesar de desearlo fuertemente no declaramos que vamos a cambiar de trabajo, o a comenzar un nuevo emprendimiento, o a comprar nuestra propia vivienda, o cuando no declaramos nuestro amor por miedo al rechazo. Algo muy importante deja de suceder y eso también marca nuestras vidas. Porque así como decimos que después de nuestras declaraciones suceden cosas, también si no efectuamos nuestras declaraciones ocurren otras cosas y lo que puede acontecer es que nada suceda, que todo siga igual.

Para que una declaración ponga en marcha un proceso de cambio tiene que existir un actuar firme y consistente con lo declarado. Toda declaración lleva implícito el compromiso de proceder en consecuencia, la promesa que vamos a sostener desde la acción lo que declaramos desde la palabra. El cumplimiento de este compromiso hace a nuestra integridad como personas.

Cuando las declaraciones exceden el ámbito de lo personal y se proyectan en un dominio social, también nos comprometemos por la validez de nuestras declaraciones. Esto significa que poseemos la autoridad para hacer la declaración y que la misma será realizada de acuerdo a las normas y parámetros establecidos. Pensemos cuando un juez declara a alguien culpable o inocente, cuando un árbitro declara a un jugador expulsado de la cancha o cuando un país declara la guerra.

> Para que una declaración ponga en marcha un proceso de cambio tiene que existir un actuar firme y consistente con lo declarado.

Las declaraciones son **válidas o inválidas** según el poder o la autoridad de quien las hace. La Declaración de la Independencia del 9 de Julio de 1816 tuvo vigencia porque aquellos que la efectuaron tuvieron el poder de asegurar su cumplimiento y validez. Para una pareja, son muy diferentes las consecuencias de la declaración de matrimonio si el que la efectúa es un amigo o una autoridad del Registro Civil. Para cualquier persona es diferente la declaración "estás contratado", si la misma la realiza el cadete o el gerente de la empresa. Es por esto que decimos que es en la acción de declarar donde se manifiesta con mayor claridad el carácter generativo del lenguaje, el poder transformador de la palabra.

II. Escuchar en profundidad

El fenómeno del escuchar

> "Así como hay un arte del bien hablar,
> existe un arte del bien escuchar".
> **Epicteto**

Seguramente muchas veces habremos dicho o escuchado alguna de estas frases: *"cómo puede ser que no me haya entendido si yo fui muy claro cuando hablé"*, o a la inversa: *"yo escuché muy bien y dijo otra cosa totalmente distinta"*. Los "malos entendidos" que surgen por las diferencias entre lo que uno dice y el otro escucha, es uno de los motivos que generan problemas en la comunicación y deterioro en nuestros vínculos.

A pesar de ser testigos frecuentes de este tipo de incidentes, seguimos pensando que cuando los mismos nos ocurren es porque quien nos escucha tiene mala fe o no nos presta la mínima atención, y cuando nos sucede esto estando del lado de quien escucha, nos podemos sentir indignados porque el otro niega haber dicho algo que nosotros escuchamos. Las malas interpretaciones y enojos surgen porque a pesar de verificar cotidianamente que el hablar no garantiza el escuchar, que ambos son dos fenómenos distintos e independientes, seguimos pensando y actuando desde la lógica de que si uno habla claramente el otro escucha indefectiblemente.

> El hablar no garantiza el escuchar, son dos fenómenos distintos e independientes.

Este sentido común, generado en la concepción tradicional de la *"transmisión de la información"*, lleva implícita la idea de que cuando hablamos transmitimos un mensaje y que si no existen "ruidos" en el "canal" de transmisión, el receptor lo recibe tal cual. Por lo tanto, es lógico pensar que si hablamos alto y claro, el otro nos entiende en forma precisa, ya que su rol como escucha es sólo "recepcionar" el mensaje y no tiene nada más que hacer que oír con atención.

Esta visión con la cual analizamos el proceso de la comunicación, como si se tratara de la transmisión de datos entre máquinas, es la causante de desvirtuar nuestro entendimiento de cómo funciona la comunicación humana. En la conversación entre las personas, en esa ida y vuelta incesante de palabras, gestos, acciones y emociones, se pone en funcionamiento un conjunto de factores, un profundo y complejo proceso de construcción y asignación de sentidos.

El primer paso para abordar el análisis de dicho proceso es **separar el fenómeno del hablar del fenómeno del escuchar.**

Entender que abarcan dos acciones diferentes que no poseen un indefectible nexo causal. Que cuando hablamos vamos del significado a las palabras y cuando escuchamos vamos de las palabras al significado, y no siempre hay coincidencia entre uno y otro significado. Es decir, cuando hablamos buscamos palabras que expresen los significados que pretendemos expresar y cuando escuchamos buscamos significados que nos permitan interpretar y comprender las palabras que oímos. A los efectos de enfatizar sobre esta "brecha crítica" que existe entre el hablar y el escuchar, Humberto Maturana afirma: *"Soy absolutamente responsable de lo que digo y maravillosamente irresponsable de lo que tú escuchas".*

> En la conversación entre las personas se pone en funcionamiento un profundo y complejo proceso de construcción y asignación de sentidos.

El segundo aspecto a destacar es **el rol activo y protagónico de la escucha en el proceso de la comunicación.** Desde la concepción tradicional, quien escucha ocupa el lugar del receptor del mensaje y se lo concibe como un receptáculo pasivo de la información. Esta mirada focaliza toda la importancia y el éxito del proceso de la comunicación en la emisión del mensaje, y considera que el escuchar sencillamente ocurre y no presupone ninguna acción de parte de quien escucha. Por este motivo, se percibe que sólo el hablar implica un rol activo en la comunicación.

La escucha es interpretada como una actividad secundaria, receptiva y pasiva. Esto explica por qué todos los cursos de capacitación en comunicación están centrados en el hablar y no en el escuchar. Si no se considera que el escuchar es una acción que se puede efectuar con mayor o menor efectividad, no surge la necesidad de desarrollar la competencia.

Para explicar el carácter activo de la escucha debemos hacer una distinción entre el oír y el escuchar. Oímos por medio de nuestro aparato auditivo. El oír constituye el aspecto biológico del fenómeno del escuchar. Para oír no debemos realizar ninguna acción específica; en este aspecto podríamos decir que el oír es pasivo. Si estamos en una habitación, escucharemos cualquier palabra, sonido o ruido que se produzca en ella. Muchas veces el esfuerzo está centrado en no oír. A todos nos ha pasado que estando en un cine viendo una película, a nuestro lado o en la fila posterior alguien realiza algún comentario a su vecino y no podemos dejar de sentir la molestia que nos produce su voz, aunque no escuchemos lo que está diciendo.

Los límites de nuestro oír están establecidos por nuestra estructura biológica y las condiciones de nuestro aparato auditivo. Muchas personas por alguna enfermedad o simplemente por causa de su edad ven disminuida su audición, pero solucionado el problema del oír, por ejemplo por medio de un audífono, pueden entender y comprender perfectamente lo que se les dice. Por el contrario, podemos decir que el oír no garantiza el escuchar. Un perro o un gato poseen una estructura biológica que les permite oír sonidos que a los seres humanos nos resultan inaudibles, sin embargo, ninguno de estos animales podría escuchar una conversación.

Llevamos este planteo hasta tal extremo para poder señalar con claridad la diferencia que existe entre el oír y el escuchar. El escuchar lleva implícito el oír, pero es algo mucho más complejo que el mero proceso físico de la audición. El escuchar conlleva un proceso cognitivo y emocional que integra una serie de datos en búsqueda de sentido e interpretación de aquello que oímos. El escuchar efectivo se produce cuando el oyente es capaz de discernir y comprender el significado del emisor. Sólo así se alcanza el objetivo de la comunicación.

Toda acción de escuchar presupone una activa tarea interpretativa, implica asignarle un significado a lo que se oye, sea esto un sonido, un ruido o palabras. Por esto planteamos que la escucha no tiene nada de pasivo, sino que por el contrario constituye un **activo proceso de asignación de sentido**. Es este proceso el que determina que distintas personas, que en el mismo lugar y circunstancia oyen lo mismo, puedan escuchar cosas diferentes.

> En la acción de la escucha, la asignación de sentido surge del conjunto de nuestra percepción. Es el resultado de la interpretación que le otorgamos a todo aquello que vemos y oímos.

Pensemos, por ejemplo, en dos individuos que están conversando y oyen un sonido. El primero, que siempre vivió en un pequeño poblado de la montaña, se inquieta por el volumen e intensidad del mismo pero no logra entender qué lo produce, ya que nunca había oído algo semejante. El segundo, al oír el sonido rápidamente deduce que se trata de una sirena, piensa si es la de una ambulancia o un patrullero, pero concluye que es de los bomberos y como el sonido termina abruptamente, infiere que la autobomba se ha estacionado a corta distancia y, por lo tanto, supone que puede haber algún incendio en el vecindario. El aspecto biológico de la audición (oír) ha sido exactamente el mismo en ambas personas, pero el proceso interpretativo (escuchar) que el mismo ha desencadenado ha variado por completo.

Este breve ejemplo nos permite no sólo evidenciar la diferencia entre los fenómenos del oír y el escuchar, sino también poner foco en el rol fundamental que cumple la escucha en la comunicación humana. Desde esta perspectiva, el resultado del proceso de la comunicación no surge sólo desde lo que se emite sino desde cómo es escuchado. Es la escucha la que le otorga sentido a lo que se dice y la que completa el proceso de comunicación. De nada vale que digamos y reiteremos algo con un sentido, si el otro lo escucha e interpreta de una manera diferente.

Pero vale recordar que cuando participamos de una conversación no sólo escuchamos lo que nos dicen (las palabras, el lenguaje verbal) sino que también escuchamos cómo nos lo dicen, es decir, "escuchamos" el lenguaje no verbal. Nos expresamos a través de lo que decimos y por la forma en que lo decimos, a través del tono y el volumen de nuestra voz, el conjunto de gestos, el brillo y la profundidad de la mirada, la posición corporal. Todos estos elementos son parte constituyente del acto comunicacional. Es por esto que en la acción de la escucha, la asignación de sentido surge del conjunto de nuestra percepción. Es el resultado de la interpretación que le otorgamos a todo aquello que vemos y oímos.

Escuchar = oír y ver + asignar sentido

El compromiso con la escucha efectiva

"Una de las mejores maneras de persuadir
a los demás es escuchándolos".
Dean Rusk

Esta nueva mirada de cómo funciona la comunicación entre las personas nos abre posibilidades de un accionar más efectivo en nuestras conversaciones y en la construcción de nuestras relaciones, pero a su vez nos plantea nuevos compromisos, tanto desde el hablar como desde el escuchar. En la medida que asumimos el postulado de que la comunicación efectiva depende de la escucha efectiva, nos vemos en la responsabilidad de desarrollar nuestra competencia en la escucha. Esto implica ser conscientes de la asignación de sentido que le conferimos a lo que oímos, como también verificar nuestra escucha, indagar para entender en profundidad, e interactuar desde una actitud de apertura y respeto hacia el otro.

> La comunicación efectiva
> depende de la escucha efectiva

También cuando nos situamos en el rol del hablar podemos influir en la escucha de nuestro interlocutor, ya que la forma de decir condiciona la manera de escuchar. Nuestro modo de hablar influye en la otra persona, a que se abra o se cierre a lo que le estamos diciendo. Y esto está relacionado a la emocionalidad que generemos a través de nuestra conversación. Si hablamos desde el lugar de poseer la verdad absoluta, si adoptamos una posición de superioridad, si no respetamos las diferencias y descalificamos e invalidamos la opinión del otro, lo más seguro es que generemos una reacción defensiva y la otra persona cierre su escucha a cualquier cosa que podamos decirle.

> El resultado del proceso de la comunicación no surge
> sólo desde lo que se emite sino desde cómo es escuchado

Si, por el contrario, generamos una emocionalidad de apertura a través de una conversación constructiva, si fundamentamos nuestras opiniones y no las expresamos como si fuesen una descripción de la realidad, si demostramos una actitud de respeto e interés por la posición del otro, si no tratamos de someter o descalificar al que piensa distinto, es muy posible que generemos un modo similar de encarar la conversación que implique una escucha abierta y atenta a lo que decimos.

El sentido de las palabras

> "El otro, he aquí la idea clave.
> Lo que interesa no es ya tanto lo que se quería decir,
> como lo que de lo dicho ha quedado en el destinatario.
> O, también, de lo no dicho...".
> **Ángel López García**

El lenguaje es una construcción colectiva. El lenguaje de cualquier idioma es producto de un proceso de consenso social donde se establece el significado que se le otorga a cada palabra. Cada comunidad con un idioma en común, materializa este contrato social en un instrumento que conocemos con el nombre de diccionario. Comúnmente también crea alguna institución pública, de reconocimiento generalizado, que cumpla el rol de actualizarlo y gestionar el uso de las palabras en el lenguaje. En el idioma castellano esta institución es la Real Academia Española.

Si desconocemos el significado de una palabra, consultamos el diccionario y allí lo encontraremos. Este fenómeno del *significado compartido* de las palabras, es el que muchas veces nos induce al error de pensar que el único significado de una palabra es su conexión con aquello a lo que se refiere y, por lo tanto, que todos entendemos lo mismo por idénticas palabras.

Muchos de los problemas o inconvenientes que surgen en la interacción comunicacional, se generan en el hecho de que las mismas palabras pueden tener diferentes significados para distintas personas. El significado que le asignamos a las palabras, no siempre coincide con el que le atribuye nuestro interlocutor.

Partiendo del desarrollo conceptual realizado por el lingüista Noam Chomsky, postulamos que las palabras tienen un **"significado compartido"** y un **"significado particular"**.

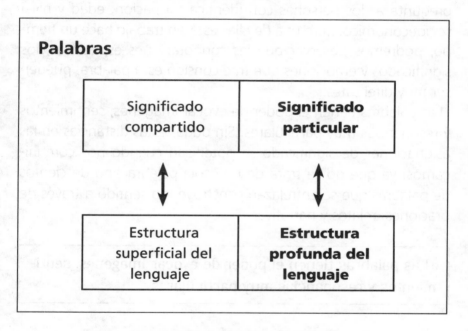

Los significados de las palabras

Decimos que el lenguaje tiene una doble estructura. Una *"estructura superficial"* que coincide con el *"significado compartido"* y surge de la convención social de asignación de significado, es decir, lo que dice el diccionario que esa palabra significa. Pero también las palabras poseen una *"estructura profunda"*, que es el *"significado particular"* o individual que cada persona le asigna a las palabras.

Este *significado particular* lo construye cada uno en función de su experiencia, su formación, sus creencias, sus valores y su inserción socioeconómica. Por ejemplo, si buscamos en el diccionario la palabra *desocupación*, veremos que su definición es: *"falta de ocupación, ociosidad"*, pero si le preguntamos a un político, a un investigador social y a un antropólogo qué significa para él la desocupación, seguramente tendrán enfoques y definiciones disímiles. Así también, si les hacemos la misma pregunta a dos personas con idéntica formación, edad y nivel socioeconómico, pero una de ellas está sin trabajo hace un tiempo, podremos observar que las connotaciones específicas, los significados y emociones que trae consigo esta palabra, pueden ser muy diferentes.

Las palabras tienen el poder de evocar imágenes, sentimientos y resonancias muy particulares. Sin duda, estas distancias en las asignaciones de significado se potencian cuando nos comunicamos, ya que no se trata de una sola palabra sino de cientos de palabras que se entrelazan construyendo sentido a través de oraciones, relatos y narrativas.

> Las palabras tienen el poder de evocar imágenes, sentimientos y resonancias muy particulares.

Esta dualidad que existe en el lenguaje y las incomprensiones y malos entendidos que este fenómeno puede traer consigo, fue abordado magistralmente por el escritor checo Milan Kundera en su novela *La insoportable levedad del ser*. A través de las desventuras de sus personajes aborda las complejidades de las relaciones humanas y cómo sus encuentros y desencuentros están irremediablemente interpenetrados por las particularidades del lenguaje. En uno de sus párrafos expresa: *"Ahora podemos entender mejor el abismo que separaba a Sabina de*

Franz: él escuchaba con avidez la historia de su vida y ella lo escuchaba a él con la misma avidez. Comprendían con precisión el significado lógico de las palabras que se decían, pero no oían en cambio el murmullo del río semántico que fluía por aquellas palabras".

Este murmullo del río semántico al que alude el autor, da cuenta de la *estructura profunda* del lenguaje y cómo las palabras que utilizamos para describir una experiencia, no son la experiencia misma sino la representación verbal que hemos construido para poder expresar su significado. Y es éste *significado particular* el que muchas veces difiere del que posee nuestro interlocutor.

Para demostrar los problemas de relación que nos genera este aspecto intersubjetivo y aleatorio de la comunicación humana, Kundera propone la elaboración de un *"Pequeño diccionario de palabras incomprendidas"* entre sus personajes. Nos muestra cómo, por ejemplo, para Sabina, ser *mujer* era un sino que no había elegido y en cambio para Franz la palabra *mujer* significaba un valor muy preciado. A su vez, para Franz la *fidelidad* era la primera de todas las virtudes, y para Sabina significaba un disvalor y, por el contrario, apreciaba la *traición,* ya que para ella implicaba abandonar la rutina e ir hacia lo inexplorado, y no conocía nada más bello que transitar hacia lo desconocido.

En este sentido es importante reflexionar cómo a través de nuestra experiencia y de nuestra historia personal vamos construyendo este significado particular y cómo influyen nuestras vivencias del pasado en nuestras interpretaciones del presente. Pensemos lo que puede significar, por ejemplo, la palabra *lluvia* para alguien que toda su vida vivió en el campo y que gran parte de los resultados que logra en su tarea de agricultor depende de la lluvia. Comparemos este significado con el que puede asignarle alguien que habita en un departamento en una gran ciudad y que sólo piensa en la lluvia en función de las molestias que puede ocasionarle cuando se traslada a su oficina o cuando le estropea alguna actividad de fin de semana.

Kundera utiliza una interesante analogía para referirse al proceso de construcción de sentido que vamos realizando los seres humanos a lo largo de nuestra vida, y a la manera en que el mismo influye en la interacción y en el vínculo entre las personas. Dice el autor: *"Mientras las personas son jóvenes y la composición musical de su vida está aún en los primeros compases, pueden escribirla juntos o intercambiarse motivos, pero cuando se encuentran y son ya mayores, sus composiciones musicales están ya más o menos cerradas y cada palabra, cada objeto, significa una cosa distinta en la composición de la una y en la de la otra".*

Niveles de la escucha

"Recordad que la naturaleza nos ha dado dos oídos y una boca para enseñarnos que vale más escuchar que hablar".
Zenón

Para abordar en profundidad el fenómeno del escuchar debemos introducirnos en la complejidad que implica el proceso de asignación de sentido que realizamos en forma automática en toda conversación. El significado que construimos en nuestra escucha es el producto de la síntesis que efectuamos en la interacción de diversos niveles de interpretación.

Cuando estamos inmersos en un proceso conversacional, nuestra escucha se activa a diferentes niveles. Desarrollaremos a continuación los cuatro niveles de la escucha:

- Escuchar lo que se dice.
- Escuchar lo que no se dice.
- Escuchar las consecuencias de lo que se dice.
- Escuchar cómo se dice.

Escuchar lo que se dice

Este nivel está relacionado con **interpretar el significado** que pretende transmitir nuestro interlocutor. La pregunta implícita sería ¿Qué está diciendo? o ¿Qué está queriendo decir? En este aspecto es importante ser conscientes de cómo condiciona nuestra escucha la situación comunicacional en la cual transcurre la conversación. Supongamos que alguien dice *"tengo planificado salir con unas amigas"*. Es muy distinto lo que va a interpretar el interlocutor si esta frase es la respuesta que le realiza una señorita a quien ha invitado a cenar, o si es la contestación de un compañero de trabajo a la pregunta *"¿Qué vas a hacer el viernes por la noche?"*.

> El significado que construimos en nuestra escucha es el producto de la síntesis que efectuamos en la interacción de diversos niveles de interpretación.

También existen condicionantes culturales que imprimen un particular significado a nuestra escucha. Cada cultura social u organizacional va constituyendo sus propios sentidos y sus particulares formas de interpretar el mundo y sus acontecimientos. Neil Postman[10] denomina "ambiente semántico" a esta construcción colectiva que asigna sentido al hablar y al escuchar. Por ejemplo, palabras como *rentabilidad, competitividad, productividad, retor-*

---

10 Postman, Neil, *Crazy Talk, Stupid Talk,* New York: Delacorte Press, 1976

no de la inversión o nicho de mercado, seguramente tomarán diferentes significados en un ambiente de negocios, en un ámbito de investigación académica o en una institución pública.

Otro aspecto que condiciona nuestra escucha es la *imagen pública* de nuestro interlocutor. Los juicios que tenemos sobre él y que preceden a la conversación van a incidir fuertemente en la interpretación y en la asignación de sentido que le otorguemos a su decir en nuestra escucha. Por ejemplo, si tenemos la opinión de que un determinado político hace todo lo contrario a lo que dice y que no respeta los compromisos contraídos, es muy probable que descreamos de sus promesas electorales por más que las mismas nos resulten atractivas.

Un elemento importante que indefectiblemente va a condicionar la forma en que escuchemos a nuestro interlocutor, es la emocionalidad en la que trascurre la conversación.

Condiciones de la escucha

- **La situación comunicacional**

- **El ambiente semántico**

- **La imagen pública de nuestro interlocutor**

- **La emocionalidad de la conversación**

Aspectos que condicionan la escucha

Nuestra responsabilidad como oyente es corroborar que la asignación de sentido que otorgamos en nuestro escuchar, coincida con lo que quiso transmitir nuestro interlocutor. La herramienta que disponemos para ser efectivos en este nivel es "verificar la escucha".

Verificar la escucha implica corroborar si el significado que le otorgamos a un enunciado, concuerda con el que le pretendió dar nuestro interlocutor. Por ejemplo, podemos decir: *"explicame a qué te estás refiriendo cuando afirmás que "*.

Existe también una técnica denominada "parafraseo", que se utiliza a tal efecto. Uno podría decir: *"a ver si te entendí bien"*. y repetir lo que comprendió hasta ese momento; a los efectos de que la otra persona confirme si coincide con lo que quiso expresar. También podemos utilizar frases como: *"a ver, permitime recapitular"*, *"me gustaría comprobar si realmente he comprendido tu punto de vista "*, *"así que, si te he entendido bien, tus razones son "*, y a partir de ahí realizar una breve síntesis de lo que hemos entendido, con el objetivo de que nuestro interlocutor corrobore o aclare algún aspecto que pudiera haber sido mal interpretado.

Escuchar lo que no se dice

Cuando escuchamos no sólo interpretamos el "qué se dice", sino también el "para qué se dice". Desde nuestra escucha surgen las preguntas ¿Qué le lleva a decir lo que dice?, ¿Cuál es su preocupación?, ¿De qué se está haciendo cargo con lo que está diciendo? Es decir, cuando escuchamos, automáticamente surge el interrogante de para qué la persona dice lo que dice. Esto que no se dice, que no se explicita, en nuestra escucha necesitamos encontrarle un sentido y, por lo tanto, en este nivel del escuchar **se interpretan las inquietudes y preocupaciones** de nuestro interlocutor.

Utilizamos el concepto de "preocupación" para dar cuenta de aquello que nos permite asignarle un significado a las conductas de las personas. Cuando observamos a alguien realizar una acción, precisamos encontrarle un sentido, una explicación de por qué hace lo que hace. La pregunta implícita que nos surge es ¿Qué preocupación lo lleva a realizar esa acción? De la misma manera, cuando escuchamos la acción del hablar nos surge la inquietud de para qué dice lo que dice, de qué se está haciendo cargo con esto que expresa.

Por ejemplo, cuando mi jefe me informa que la fecha de entrega del proyecto fue consensuada en la reunión de gerentes, yo puedo entender que me está queriendo decir que es importante que nuestro equipo cumpla estrictamente el plazo establecido, ya que nuestro proyecto está articulado con el de otras áreas. Cuando mi esposa me cuenta que su hermano llega de viaje y va a quedarse unos días en nuestra ciudad para participar de un congreso, yo puedo suponer que me está queriendo decir que le gustaría que se aloje en nuestra casa. En ninguno de los casos esto fue dicho, pero sin embargo, esto fue lo que escuché.

Como dijimos, cuando escuchamos no asumimos un rol pasivo, sino que estamos activamente construyendo historias acerca de lo que escuchamos. Estas narrativas surgen cuando intentamos encontrarle un sentido a las preocupaciones de nuestro interlocutor, a los efectos de poder "explicarnos" para qué dice lo que dice. Una de las utilidades de la escucha a este nivel, es que nos podemos hacer cargo de las preocupaciones de nuestro interlocutor sin que necesite explicitarlas a través de un pedido. Volviendo al ejemplo anterior podemos sugerirle a nuestra esposa: *"qué te parece si invitamos a tu hermano a que se hospede en nuestra casa"*.

En el ámbito de las empresas se comienza a jerarquizar el fenómeno de la escucha. Este nivel de la escucha posibilita "escuchar al cliente" como fuente de posibles negocios. Es decir, ir más allá de la demanda emergente para hacerse cargo de posibles necesidades, de nuevos productos o servicios que podría requerir. En tal sentido, Fernando Flores[11] sostiene que: "Las empresas que

---

11 Flores Fernando, *Creando organizaciones para el futuro,* Dolmen/Granica, 1994

cultivan la habilidad de escuchar efectivamente, llegarán a ser aliados, a inventar el futuro con sus propios clientes".

Debemos estar atentos a la forma en cómo escuchamos "lo que no se dijo", ya que esto puede ser de mucha utilidad y aportarnos efectividad en nuestra interacción, pero también puede producirnos graves inconvenientes en tanto nuestra interpretación no sea la correcta. Podemos realizar una lectura equívoca acerca de las preocupaciones de nuestro interlocutor y, por ejemplo, pensar que como el gerente dijo que la entrega del trabajo a ese cliente era muy importante, debía darle prioridad con respecto a los otros que estaban programados, cuando lo que me quiso decir era que debía tener cuidado en la calidad de la confección.

A los efectos de chequear nuestra escucha, debemos poner en juego nuestra habilidad para indagar. La **indagación** es la herramienta más poderosa que tenemos para lograr una escucha efectiva y para que el otro revele sus preocupaciones. Desarrollaremos más adelante la competencia de *Indagar con maestría*.

Escuchar las consecuencias de lo que se dice

Cuando escuchamos, lo hacemos desde nuestras propias preocupaciones y, por lo tanto, los interrogantes que nos surgen son: ¿Qué consecuencias tiene para mí lo que me está diciendo?, ¿Qué cambios pueden producirse a partir de lo dicho?, ¿De qué modo estos cambios afectan mis intereses?, ¿Cómo esta conversación me abre o cierra posibilidades?

Si acordamos que el hablar es actuar, debemos inferir que puede modificar el estado de las cosas; que luego de una conversación pueden surgir nuevas posibilidades que antes eran inexistentes o, por el contrario, se pueden cerrar posibilidades que antes estaban abiertas. Es por esto que cuando escuchamos, no podemos dejar de preguntarnos sobre las consecuencias que trae aquello que se dijo. Por ejemplo, cuando el responsable de un proyecto de mi organización me dice: *"me gustaría que participes en la reunión de mañana"*, automáticamente se me dispara una conversación interna acerca de esto que he escuchado. Es decir, no sólo he escuchado la invitación a una reunión sino que escucho posibles oportunidades o amenazas a mi posicionamiento laboral.

Este nivel del escuchar está basado en las preocupaciones sobre el futuro del oyente. Lo que está en juego es el modo en que escuchamos que esas acciones afectarán nuestro propio futuro. Pretendemos **interpretar las posibilidades** que se abren o cierran a partir de lo que se está diciendo.

Cuando alguien nos dice que no está totalmente conforme con algún trabajo realizado por nosotros, podemos escuchar una ofensa personal, una amenaza a nuestra estabilidad laboral o una posibilidad de optimizar nuestra tarea. Son nuestras interpretaciones y los juicios que hacemos acerca de lo que escuchamos, los que nos abren o cierran posibilidades y condicionan nuestro accionar. Ante una queja de un cliente, un empresario escuchará la molestia de la persona y otro la oportunidad de ofrecer un nuevo servicio que solucione el problema que motivó la queja.

> Son las interpretaciones y los juicios que hacemos acerca de lo que escuchamos los que nos abren o cierran posibilidades y condicionan nuestro accionar.

El concepto de *"situación comunicacional"* que mencionamos anteriormente, no sólo se aplica al análisis del contexto en el que se desarrolla una conversación específica, sino que también es válido extenderlo a las condiciones y situaciones que transita cualquier ámbito organizacional y que necesariamente actúa como condicionante en la interpretación de las conversaciones que en dicho espacio se desarrollan. Específicamente ejerce un importante rol en este nivel de escuchar las consecuencias de lo que se dice.

Por ejemplo, si una empresa está transitando un momento de crecimiento de sus ventas, expansión en el mercado y aumento de su rentabilidad, es probable que si alguien comenta que *"se va a realizar una reestructuración"*, sus empleados lo escuchen como una oportunidad de crecimiento y desarrollo laboral. Si, por el contrario, la empresa pasa por un momento conflictivo, de baja de las ventas y pérdidas de clientes, y alguien hace el mismo comentario, es factible que se escuche que se van a efectuar despidos, recorte de personal o baja de sueldos. Nada de esto fue dicho y, sin embargo, nada puede impedir que las personas lo escuchen.

Preguntas implícitas en los niveles de la Escucha

- **Escuchar lo que dice**
  ¿Qué está diciendo? ¿Qué está queriendo decir?

- **Escuchar lo que no se dice**
  ¿Qué le lleva a decir lo que dice? ¿Para qué dice lo que dice?

- **Escuchar las consecuencias de lo que se dice**
  ¿Qué consecuencias tiene para mí lo que me está diciendo? ¿Cómo esta conversación abre o cierra posibilidades?

- **Escuchar cómo se dice**
  ¿Qué emocionalidad transmite mi interlocutor?

Preguntas de la Escucha

Una de las herramientas que poseemos para realizar una escucha efectiva es **compartir preocupaciones**. El concepto de compartir preocupaciones adquiere la característica de una avenida de doble mano. Por un lado, implica transmitirle a nuestro interlocutor nuestras propias preocupaciones con respecto al tema de la conversación. En qué aspectos considero que se ven afectados mis intereses por lo que el otro está diciendo. Cuáles son las oportunidades o amenazas que vislumbro a partir de lo que estoy escuchando. De qué forma analizo que lo dicho altera el curso de mi propio devenir. Qué posibilidades considero que se abren o se cierran con lo que esta persona dice. Pero, a su vez, puedo invitar a mi interlocutor a que explicite sus propias inquietudes y preocupaciones, y manifieste claramente de qué se está haciendo cargo cuando dice lo que dice.

Escuchar cómo se dice

Le proponemos un ejercicio: mire en su reproductor de video una película que no haya visto y escuche la conversación de alguna escena sin mirar el televisor; luego analice cuál es la interpretación de lo que escuchó. Siguiendo con el ejercicio reproduzca nuevamente la misma escena, pero ahora escuche mirando el monitor. Seguramente va a notar que las imágenes completan, modifican o alteran, aunque sea muy parcialmente el significado anterior. Podrá comprobar que los movimientos, las posturas, los gestos y la forma de interacción de los protagonistas inciden en el significado que le asignamos a nuestra escucha. Y esto es así porque en esta observación estamos "escuchando" su lenguaje no verbal.

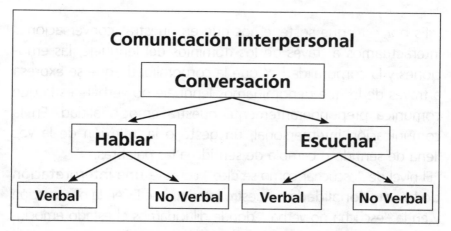

Elementos de la conversación

Dijimos anteriormente que en toda conversación se da un ida y vuelta incesante de palabras, gestos, acciones y emociones. Lo que podríamos preguntarnos es: ¿Cómo se produce este cruce e intercambio de emociones? ¿Cómo se expresan las emociones en una conversación? ¿Cómo "escuchamos" las emociones?

Las emociones se manifiestan de dos maneras posibles: una a través del lenguaje verbal, expresando con palabras nuestra emocionalidad sobre algún hecho o situación determinada. Por ejemplo: *"estas reuniones me ponen muy tenso"* o *"estoy fastidiado con estas discusiones que no conducen a nada"*. Pero, cotidianamente participamos en conversaciones donde nuestros interlocutores no expresan verbalmente su emocionalidad y, no obstante, nosotros la percibimos.

Y aquí está la respuesta a la pregunta ¿Cómo "escuchamos" las emociones? Es el lenguaje no verbal el que, más allá de nuestra voluntad, da cuenta de nuestra emocionalidad. Vale recordar que cuando nos referimos a la comunicación no verbal estamos haciendo alusión no sólo a la posición corporal, a los gestos de la cara o a los movimientos de las manos, sino también a las tonalidades y el volumen de la voz, la velocidad de enunciación y el énfasis de las palabras.

Es por esto que sostenemos que en nuestras conversaciones interactuamos a través de los dominios del lenguaje, las emociones y la corporalidad. Y que la corporalidad –que se expresa a través de lo que denominamos lenguaje no verbal– es la que comunica preponderantemente nuestra emocionalidad. En la comunicación interpersonal, un gesto o la inflexión de la voz llena de sentido o cambia de sentido a las palabras.

El nivel de "escuchar cómo se dice", conlleva **una interpretación de la emocionalidad** de nuestro interlocutor. Es en la observación y en la "escucha no verbal" donde dilucidamos el estado emocional de la conversación. Desarrollar la competencia en este nivel de la escucha es esencial para cualquier persona y primordialmente para quienes realizan sus actividades a través de la conversación con otros, sea un terapeuta, un vendedor, un coach o un líder.

Esta habilidad de observar y escuchar la emocionalidad de nuestro interlocutor, constituye una de las competencias fundamentales para poder establecer una comunicación efectiva. Daniel Goleman[12], quien desarrolló el concepto de "inteligencia emocional", sostiene que: "Rara vez el otro nos dirá con palabras lo que experimenta; en cambio, nos lo revela por su tono de voz, su expresión facial, y otras maneras no verbales... La falta de oído emocional conduce a la torpeza social".

En este sentido es fundamental ser un buen observador de la emocionalidad de nuestro interlocutor, para anticiparnos a analizar cómo va a ser escuchado lo que eventualmente pudiera decirle y en función de eso evaluar si es el momento oportuno para plantear determinados temas. También es importante que observemos cómo se modifican las respectivas emocionalidades en el transcurso de la conversación. Y, por último, es necesario que seamos conscientes de cómo nuestra propia emocionalidad afecta nuestra escucha.

---

12   Goleman Daniel, *La Inteligencia Emocional en la Empresa*, Vergara, 1998

Niveles de la Escucha

1. Escuchar lo que se dice
   Interpretar el significado
2. Escuchar lo que no se dice
   Interpretar las preocupaciones
3. Escuchar las consecuencias de lo que se dice
   Interpretar las posibilidades
4. Escuchar cómo se dice
   Interpretar las emociones

Qué interpretamos en cada nivel de la escucha

Actitudes para un escuchar efectivo

*"Se necesita coraje para pararse y hablar,
pero mucho más para sentarse y escuchar".*
Winston Churchill

Hemos polemizado con la concepción que entiende a la escucha como el lado pasivo de la comunicación y hemos demostrado que el escuchar es una acción humana que implica interpretar y asignar sentido a lo que se oye y a lo que se ve. Y como toda acción, la capacidad para realizarla no es la misma en todas las personas. En este sentido, la actitud con la que se escucha cobra relevancia y condiciona fuertemente la efectividad con la que se ejerce la competencia.

La primera actitud que habría que considerar es la de la **predisposición** para escuchar. Si no estamos predispuestos seguramente escucharemos de mala gana y con nuestra atención puesta en otro lado, y es muy probable que perdamos parte del contenido de la conversación o que mal interpretemos lo que nos están diciendo. Es más, es posible que esta falta de disposición se exprese a través de nuestro lenguaje no verbal, que nuestro interlocutor lo perciba e impacte en su emocionalidad y en el desarrollo de la conversación. Todos hemos tenido alguna vez esa sensación de desagrado que se nos produce cuando hablamos y percibimos que el otro no nos presta atención.

> La actitud con la que se escucha condiciona fuertemente la efectividad con la que se ejerce la competencia.

La falta de predisposición para la escucha se puede ocasionar por diversos motivos. Puede ser algo esporádico, motivado por algún hecho que nos preocupa o requiere toda nuestra atención. También puede suceder que nos encontremos en un estado emocional (enojo, angustia, euforia, ansiedad, etc.) que no nos sea propicio para concentrarnos en la escucha.

En este sentido, cuando planificamos mantener una conversación con alguien, tendríamos que tener en cuenta dos aspectos. Deberíamos considerar cuál es el momento más adecuado y oportuno como para que esa persona pueda enfocar toda su atención en la conversación. Para esto es factible chequear si para él es un buen momento, si tiene el ánimo y la disposición para realizar la conversación. Hay ocasiones en que por la mera observación podemos deducir que la emocionalidad de nuestro eventual interlocutor no es la más apropiada para entablar un diálogo. También deberíamos reflexionar si nosotros estamos dispuestos a escuchar al otro, ya que muchas veces que le solicitamos a alguien mantener una conversación, sólo pensamos en lo que tenemos que decirle, pero no vamos con el ánimo de escuchar lo que el otro nos pueda querer comentar.

Otro aspecto central de la actitud requerida para una escucha efectiva, está relacionado con adoptar una disposición de **aceptación y apertura** hacia nuestro interlocutor. Aceptación a formas de ser, de pensar y de opinar diferentes a la nuestra y no por eso menos valiosas. Entender que si sólo estamos abiertos a escuchar a personas que piensen similar a nosotros, en realidad sólo estamos dispuestos a escucharnos a nosotros mismos. Y por lo tanto, obturamos toda posibilidad de cambio, aprendizaje y crecimiento personal. El escuchar efectivo requiere apertura y receptividad. Implica abrirse a la perspectiva del otro y arriesgarse a aceptar su influencia.

Escuchar con profundidad y respeto a quienes difieren con nuestros puntos de vista no implica coincidir con ellos, sino reconocer su legitimidad como personas. La actitud de aceptación a la diferencia y a la diversidad es una de las condiciones fundamentales de la interacción comunicacional.

> Muchas veces que le solicitamos a alguien mantener una conversación, sólo pensamos en lo que tenemos que decirle, pero no vamos con el ánimo de escuchar lo que el otro nos pueda querer comentar.

La capacidad de prestar atención es inversamente proporcional a la necesidad de tener razón. Si nos consideramos poseedores absolutos de la verdad e interactuamos con el objetivo de convencer a nuestro interlocutor o para desacreditar su punto de vista, es muy probable que por más que poseamos todo tipo de técnicas y conocimientos con respecto a la comunicación y a la escucha, la misma no se produzca.

Así como para interactuar en forma efectiva debemos tener una actitud de apertura hacia el otro, también debemos poseer **confianza y seguridad** en nosotros mismos. Sólo desde la autovaloración y la autoestima podemos brindarnos al proceso de la conversación.

Actitudes para un escuchar efectivo

El escuchar efectivo requiere de:

- Predisposición

- Aceptación y apertura

- Confianza y seguridad en nosotros mismos

En este sentido es importante realizar una distinción entre convicciones profundas y prejuicios arraigados. Las personas con convicciones profundas no tienen inconvenientes de abrirse a la escucha de otras opiniones, intercambiar puntos de vista, fundamentar sus interpretaciones y escuchar la de los otros. Por el contrario, las personas que se encierran en sus propios prejuicios obstruyen la escucha. Muchas veces la descalificación a la posición del otro esconde una profunda inseguridad en uno mismo y actúa como resguardo al miedo a que el otro pueda convencernos o hacernos cambiar de opinión.

Caso 3: Pedro

Ejercicio de reflexión realizado en el marco del proceso de formación en "Coaching Organizacional" en DPO Consulting

Consigna: "¿Qué podría decir usted acerca de su forma de escuchar? ¿Cuán efectivo es escuchando?"

Hace tiempo vengo trabajando en mi manera de escuchar. Soy consciente de que tengo una competencia diferente dependiendo del ámbito en el que escucho: en el ámbito laboral, mi habilidad de escuchar sin emitir juicios es una fortaleza. Puedo escuchar al interlocutor con calma, parafrasear para corroborar información o interpretaciones, e indagar para obtener más datos o confirmar lo que se ha dicho.

Por otra parte, en el ámbito personal mi habilidad para escuchar es claramente una de las áreas que quiero mejorar. Declaro que la quiero modificar porque soy consciente de que los resultados que me ha venido dando, particularmente en los últimos años, ha influido de manera negativa en mi calidad de vida.

Suelo interrumpir para arrojar mis juicios en medio de la escucha, no tengo paciencia para escuchar toda la historia que me están narrando, suelo creer saber hacia dónde va el interlocutor con su narración y me anticipo a decir mis conclusiones.

Escucho mucho mejor cuando estoy tranquilo y no siento la necesidad de dar mi punto de vista sobre lo que se esté conversando, cuando me siento en calma. A medida que voy quitando importancia a la mirada de los demás, o mejor dicho, a la mirada que yo mismo pongo en los demás, escucho mejor.

III. Indagar con maestría

El rol de la indagación

"Hacer preguntas es prueba de que se piensa".
Rabindranath Tagore

Planteamos anteriormente que existe la creencia de que el hablar es el aspecto activo de la comunicación, mientras que el escuchar es considerado como pasivo. A su vez, cuando nos referimos al hablar automáticamente pensamos en expresar una idea, transmitir una información, convencer, persuadir, pero muy difícilmente relacionemos el hablar con el indagar, con formular preguntas. Podemos decir que, así como la escucha es el lado oculto de la comunicación, la indagación es el lado oculto del hablar.

Para desarrollar nuestra competencia comunicativa debemos manejar y administrar muy bien estas dos "energías" del hablar: **el exponer y el indagar.** Si tomásemos la idea oriental de que toda manifestación de la naturaleza tiene en su seno dos energías que se contraponen y complementan (el *yin* y el *yan*) y que el *yin* corresponde a la energía femenina que es más receptiva, sensible e intuitiva y que el *yan* es la energía masculina que es más activa, expansiva y de empuje, podríamos decir que en la acción del hablar estamos en la energía *yan* cuando exponemos y en la energía *yin* cuando indagamos.

> Para desarrollar nuestra competencia comunicativa debemos manejar y administrar muy bien estas dos "energías" del hablar: el exponer y el indagar.

Cuando exponemos, proponemos, alegamos, transmitimos una idea o argumentamos para fundamentar nuestro punto de vista, estamos en una actitud y una energía expansiva. Cuando indagamos para comprender en profundidad lo que nuestro interlocutor nos quiere transmitir, estamos en una actitud receptiva. Tanto el exponer como el indagar son componentes esenciales y necesarios del hablar, y en la medida en que desarrollemos nuestras competencias en ambas acciones y que sepamos balancear su utilización, mejoraremos notablemente nuestra efectividad en las conversaciones.

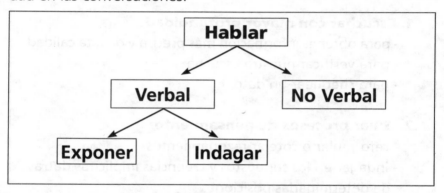

Las acciones del hablar

Indagar con maestría supone formular las preguntas pertinentes en cada momento de la conversación y con los distintos objetivos que sean oportunos en cada uno de ellos. Indagamos en función de dos tipos de objetivos diferentes: para obtener mayor información y mejorar nuestra escucha, o para guiar el proceso de pensamiento de nuestro interlocutor.

Dijimos anteriormente que la indagación es una de las herramientas que utilizamos para **escuchar mejor**. En este caso recurrimos a las preguntas para alentar a que nuestro interlocutor desarrolle un concepto, para obtener información más precisa y de alta calidad, para poder entender con mayor detalle y profundidad, para verificar nuestra escucha o para chequear un dato.

Pero también podemos utilizar preguntas que tengan como objetivo **guiar procesos de pensamiento:** reformular o cotejar razonamientos, indagar en los supuestos y creencias implícitas detrás de determinadas posiciones, revisar o desarmar inferencias, profundizar en los niveles de análisis y buscar nuevos sentidos e interpretaciones.

Indagamos para:

1. Escuchar con mayor profundidad
- para obtener información más precisa y de alta calidad
- para verificar nuestra escucha
- para chequear un dato

2. Guiar procesos de pensamiento
- reformular o cotejar razonamientos
- indagar en los supuestos y creencias implícitas detrás de determinadas posiciones
- profundizar en los niveles de análisis y buscar nuevos sentidos e interpretaciones

Objetivos de la indagación

En este último aspecto, no podemos dejar de mencionar a quien ocupa un sitial privilegiado en la historia del pensamiento de la humanidad y ha trascendido por más de 2.500 años, entre otras cosas por su excelencia en el arte de indagar. Sócrates debatía, formaba a sus discípulos y provocaba el pensamiento a través de las preguntas. Sostenía que: *"No puedo enseñarle nada a nadie, sólo puedo hacerlos pensar"* y por lo tanto él, como gran maestro, conducía el camino del aprendizaje a través de las preguntas, dejando que sus interlocutores fuesen encontrando sus propias respuestas.

Sócrates denominó *Mayéutica* a esta metodología de indagación. *Mayéutica* quiere decir "arte de las parteras" y Sócrates utilizó el término en el sentido de "el arte de dar a luz". Recurrió a esta metáfora para señalar la profundidad de esta práctica de indagación, tal cual la concebía. Sostenía que él ejercía un arte parecido al de su madre, Fainarate, que era comadrona. Decía que las comadronas eran *parteras de cuerpos,* que ayudaban a dar a luz, pero no daban a luz, mientras que él era un *partero de almas,* que ayudaba a encontrar las respuestas, pero no daba respuestas.

Este método de indagación a través del cual guiaba a las personas a buscar nuevos sentidos y a reflexionar sobre distintas situaciones buscando otros puntos de vista, es lo más parecido a lo que hoy denominamos coaching. Una frase de Sócrates define con claridad este proceso: *"Yo nada sé y soy estéril, pero puedo servirte de partera y por eso hago encantamientos para que des a luz tu idea".*

El poder de las preguntas

> "En todos los asuntos es conveniente
> añadir un signo de interrogación
> sobre lo que siempre se ha dado por sentado".
> **Bertrand Russell**

Estos dos aspectos de la indagación nos dan una idea de la complejidad del tema y nos muestran la potencialidad que adquiere en la interacción comunicacional. Es fundamental tomar conciencia del poder de las preguntas, en el sentido del **rol de guía** que ejercen en una conversación.

Planteado un determinado tema, problema o situación a analizar, de acuerdo a la pregunta que se formule se conduce la atención del interlocutor hacia uno u otro lado, se enfoca en uno u otro aspecto y se direcciona el pensamiento y el proceso de razonamiento hacia alguna de las diversas posibles orientaciones. Para utilizar una metáfora, es como si en una sala de cine oscura un acomodador enfocara su linterna hacia uno u otro lado, necesariamente nuestra mirada y nuestra atención seguirían el haz de luz y la zona iluminada. El mismo poder ejerce la formulación de preguntas.

Analicemos un ejemplo. Supongamos que hemos convocado a un grupo de colaboradores a nuestra oficina y pasados veinte minutos de la hora acordada sólo están presentes la mitad de ellos. Como esto es una conducta que se ha repetido en otras oportunidades, creemos oportuno utilizar esta circunstancia para indagar a nuestros colaboradores en búsqueda de solucionar esta situación en el futuro. De acuerdo a cómo formulemos las preguntas, guiaremos la conversación en distintos sentidos. Veamos algunas alternativas:

Formulación desde el problema: *¿Qué podemos hacer para que la gente deje de ser impuntual en las reuniones? ¿Les parece conveniente establecer algún tipo de sanción para los que lleguen tarde a las reuniones?*

Formulación desde el objetivo: *¿Qué podemos hacer para que todos seamos puntuales en las reuniones? ¿Se les ocurre algún cambio en el horario, en el día o en la metodología de las reuniones que nos permitan que todos asistan con puntualidad?*

Formulación desde las causas de la conducta: *¿Qué les parece que está motivando esta falta de puntualidad en mu-*

chos de nosotros? ¿Consideran que la impuntualidad tiene relación con estas reuniones o tiene algún otro tipo de causa
más general?

Formulación desde el cuestionamiento ético: *¿No les parece que la impuntualidad es una falta de compromiso con la tarea
y una falta de respeto por el tiempo de los demás?*

Estas y tal vez muchas otras opciones existen para abordar el
análisis de esta situación, pero lo que nos parece importante
destacar es que no se trata de una mera diferencia semántica,
sino que la elección de la pregunta implica la toma de posición
sobre un determinado sentido de razonamiento. Tomar conciencia de las diferentes actitudes y procesos de pensamientos
que desencadenan las distintas preguntas, nos permiten decidir
su utilización en función del rumbo hacia el que queremos guiar
la conversación.

Tipos de preguntas

> *"Lo importante es no dejar
> de hacerse preguntas".*
> **Albert Einstein**

Un aspecto central para desarrollar la competencia en el indagar es conocer los distintos tipos de preguntas que existen, a
qué objetivos responde el uso de cada uno de ellos y cuándo es
conveniente y oportuna su utilización. A tal efecto hemos desarrollado una tipología de preguntas que nos permite realizar
distinciones de carácter operativo:

Tipos de preguntas

1. Preguntas abiertas
   (para que se explaye)

2. Preguntas cerradas
   (de concreción)

3. Preguntas de verificación
   (para obtener información o para verificar algún dato)

4. Preguntas en profundidad
   (para acceder a los significados profundos de nuestro interlocutor)

---

1. Preguntas abiertas

Este tipo de preguntas de apertura al diálogo se utilizan para iniciar una conversación significativa, para que nuestro interlocutor se explaye, para que abunde en detalles, para incentivarlo a desarrollar y profundizar su razonamiento, o para invitarlo a vincular su relato con otros aspectos que no hayan sido considerados. Las *preguntas abiertas* provocan el análisis, la exploración y el compromiso con el propio pensamiento.

Algunos ejemplos:

- ¿Qué consecuencias podría traer su propuesta?
- ¿Qué es lo peor que puede pasar si esto sucede?
- ¿Qué consejo le daría a alguien en su situación?
- ¿Qué otros aspectos considera relevantes?
- ¿Cómo fundamentaría esa posición?
- ¿Cuáles considera que son los aspectos conflictivos de su propuesta?

- ¿Qué otras alternativas se le ocurren a este problema?
- ¿Cómo se sentiría usted en esa situación?

2. Preguntas cerradas

Este tipo de preguntas inducen a respuestas cortas y taxativas. A diferencia de las anteriores no incitan al diálogo ni a que nuestro interlocutor se explaye, sino por el contrario, propenden a que nos brinde una respuesta categórica acerca de algún aspecto específico. Generalmente se utilizan para que el otro no diluya la respuesta y para concretar alguna acción, un acuerdo o un compromiso.
Por ejemplo:

- Tiene alguna objeción al respecto?
- ¿Está dispuesto a asumir el compromiso?
- ¿Se siente capacitado para realizar el trabajo?
- ¿Está en condiciones de realizar la entrega mañana a la tarde?
- ¿Si se dieran estas condiciones, está usted decidido a realizar la compra?
- ¿Cuándo va a presentar la propuesta al directorio?

3. Preguntas de búsqueda de información

Este tipo de preguntas se utilizan con el objetivo de obtener información o para confirmar algún dato determinado. Es muy importante poner especial atención en formular la pregunta de forma tal que nos respondan con afirmaciones y no con juicios.
Si alguien le pregunta al encargado de comercialización *¿cómo andan las ventas?*, éste puede contestar *"muy bien"*, pensando que a pesar de que es la última semana del mes, las ventas disminuyeron sólo un cinco por ciento. Es decir, "muy bien" es un juicio sobre el que se puede estar o no de acuerdo, pero no es una información específica. Sólo nos permite conocer la opinión

del encargado. Si se le hubiese preguntado *¿cuál es el monto de facturación de este mes?*, la respuesta hubiera sido una cifra concreta y tal vez se hubiese podido cotejar que es un veinte por ciento menor que la del mismo mes del año pasado.

4. Preguntas de verificación

Este tipo de preguntas se utilizan con el objetivo de chequear la escucha, verificar si lo que uno escuchó coincide con lo que el otro quiso expresar, o comparar si el significado asignado a una palabra o a una frase concuerda con el sentido que se le pretendió proporcionar en la enunciación. Estas preguntas son particularmente efectivas para verificar el primer nivel de la escucha, en la interpretación de los significados.

Así, por ejemplo, se podría preguntar:

- ¿Qué queres decir cuando afirmás que este equipo tiene bajo rendimiento?
- ¿Qué es para vos ser un jefe exigente?
- ¿A qué te estás refiriendo cuando decís que Martínez es un gerente conflictivo?

Verificar la escucha implica comprobar si lo que estoy escuchando coincide con lo que mi interlocutor pretende decir, pero no sólo en la asignación de sentido de una palabra o una oración, sino también en el plano de cotejar los procesos de razonamiento, las inferencias y los supuestos implícitos en la enunciación. Es decir, también podemos utilizar este tipo de preguntas para optimizar nuestra escucha en los niveles de interpretar las preocupaciones y las posibilidades.

Por ejemplo:

- Cuando mencionás que García es un empleado excelente ¿estás sugiriendo algún tipo de recompensa o premio?

- Cuando me decís que no te alcanza el tiempo para todo ¿estás pensando dejar alguna de tus actividades?
- Cuando recomendás aplicar alguna sanción ¿específicamente cuál es tu sugerencia?

5. Preguntas en profundidad

Este tipo de preguntas están basadas en un modelo de indagación elaborado por Grinder y Bandler, creadores de la Programación Neurolingüística. Para desarrollar este modelo tomaron como base dos de los pilares conceptuales de la Gramática Transformacional. El primero es el referido a las *estructuras superficial y profunda* del lenguaje que ya explicamos anteriormente. Decíamos que el lenguaje tiene una doble estructura, una *superficial* que coincide con el *significado compartido* y una *profunda* que se expresa en el *significado particular* que cada persona le asigna a las palabras y frases.

Veamos cómo se despliega en forma permanente, pero imperceptible, en todas nuestras conversaciones esta doble estructura del lenguaje. Por ejemplo, en la frase *"hubo una reunión de equipo en la empresa"*, por el sólo hecho de pertenecer a una comunidad lingüística podemos inferir un conjunto de información implícita en la frase: que la reunión es un evento que se realizó en un tiempo pasado, que el equipo está compuesto por un conjunto de personas de distintas edades y posiblemente distinto sexo que comparten un ámbito laboral, que seguramente existe un líder o coordinador de ese equipo, que es muy probable que la reunión se haya realizado en alguna de las oficinas o instalaciones de la organización, que difícilmente haya durado menos de quince minutos o más de tres horas, que alguien convocó a la reunión y propuso los temas a tratar, que la gente se sentó en sillas posiblemente alrededor de una mesa o escritorio, etc, etc…

Es notable el conjunto de información que está implícito detrás de una simple frase. Este conocimiento tácito o **"contexto compartido de obviedad"**, es el que nos permite comunicarnos sin tener que realizar todas estas aclaraciones cada vez que pronunciamos una frase. Este *"significado compartido"* es el que corresponde a *la "estructura superficial"* del lenguaje.

Pero, a su vez, podemos reflexionar en el hecho de que si la frase *"hubo una reunión de equipo en la empresa"*, la hubiese escuchado un miembro de ese equipo que no participó en la reunión, además de la información de la *estructura superficial*, le hubiese asignado un conjunto de *"significados particulares"* y específicos. Por ejemplo, hubiera pensado en las personas que participaron, seguramente se habría imaginado el motivo de la reunión, tal vez hubiese considerado que no lo invitaron porque no están conformes con su tarea, o quizá especule con que la reunión fue muy aburrida y eso le despierte un sentimiento de alivio. Estas connotaciones específicas, este *significado particular* que le asigna esta persona, corresponden a la *"estructura profunda"* del lenguaje.

Cuando hablamos, en forma continua transformamos nuestras ideas, conceptos y significados específicos *(estructura profunda)* en palabras y frases *(estructura superficial)*. En este pasaje de la *estructura profunda* a la *superficial* que realizamos al hablar, necesariamente producimos un conjunto de transformaciones –*generalizaciones, selecciones, distorsiones*– a los efectos de poner en palabras nuestros significados. Todos experimentamos cotidianamente que existe una importante distancia entre lo que pensamos y sentimos, y lo que efectivamente logramos expresar. A este proceso que conduce de una estructura a la otra se lo denomina **"derivación"** y es el segundo aspecto en el que se apoya el modelo de indagación que vamos a describir.

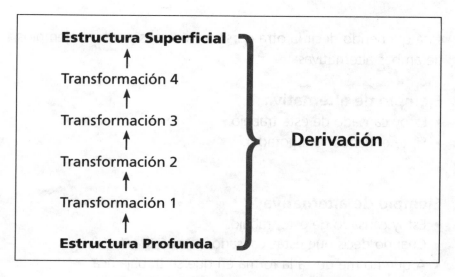

La derivación que se produce en el hablar

El modelo de indagación que denominamos *preguntas en profundidad,* nos permite acceder a los significados profundos de nuestro interlocutor y también:

- Encontrar la información perdida en el camino de la *derivación.*
- Determinar las "transformaciones" que la persona realiza en su hablar, a partir de su modelo mental.
- Descubrir las limitaciones de ese modelo.
- Ayudar a la persona a conectar lo que dice con su experiencia, a los efectos de verificar la interpretación o de buscar nuevos sentidos.

Por ejemplo, alguien dice *"estoy cansado de este trabajo".* Frente a esta expresión se nos presentan dos opciones: una es llenarla de contenido, apelando a las significaciones de nuestra propia *estructura profunda* (modelo mental) y a partir de ahí interpretar lo que nuestro interlocutor nos quiso decir. La otra alternativa es indagar para conocer en forma más específica qué está queriendo decir la otra persona. Veamos posibles ejemplos de ambas alternativas:

Ejemplo de alternativa 1:
* Estoy cansado de este trabajo.
* Sí, te entiendo, es agotador.

Ejemplo de alternativa 2:
* Estoy cansado de este trabajo.
* Cuando decís que estás cansado, ¿a qué te referís?
* A que no me gusta la forma en que se trabaja acá.
* ¿A qué forma específica te estás refiriendo?
* A la forma en que se organiza el trabajo.
* ¿Esto siempre fue así o hay algo en particular que ahora te molesta?
* Últimamente hay órdenes y contraórdenes y terminamos haciendo dos veces el mismo trabajo
* ¿Quién da estas órdenes y contraórdenes?
* El jefe nuevo… etc, etc.

Al utilizar este modelo de indagación, no sólo obtenemos información precisa que no era evidente en la primera enunciación, sino que también conducimos a nuestro interlocutor a analizar en forma específica alguna situación y, a partir de allí, encontrar posibles vías de acción. Este tipo de preguntas es especialmente útil en sesiones de coaching.

Para avanzar en el análisis de este modelo de indagación tenemos que determinar cuáles son las operaciones de transformación que realizamos en el proceso de *derivación,* al pasar los significados de la estructura profunda a la estructura superficial del lenguaje. Es decir, cuál es el recorrido que efectuamos entre lo que pensamos y lo que efectivamente decimos.

Cuando en el capítulo 2 analizamos *"Cómo creamos nuestros modelos mentales"*, vimos que existen tres mecanismos básicos: *generalización, selección y distorsión.* Estas mismas operaciones mentales que utilizamos para transformar nuestras experiencias en pensamientos, son las que se ponen en funcionamiento para convertir nuestros pensamientos en palabras. De acuerdo al mecanismo que se utilice en el proceso de *derivación*, se pueden generar distintas *"transgresiones del lenguaje".*

Transgresiones del lenguaje

Generalizaciones — Afirmaciones universales
Juicios limitantes

Selecciones — Sujetos imprecisos
Contextos no especificados
Evaluación incompleta

Distorsiones — Relatos victimizados
Lectura de mente
Opiniones encubiertas

Categorías de preguntas en profundidad

Analizaremos a continuación las distintas transgresiones del lenguaje y cuáles son las posibles preguntas que se pueden utilizar en cada una de ellas.

Generalizaciones:

Recordemos que hacer una generalización es transformar una experiencia en una categoría conceptual. Es conveniente indagar cuando consideramos que la generalización de una experiencia concreta limita la capacidad de análisis y condiciona el comportamiento de la persona. Definimos dos tipos de generalización: las *"Afirmaciones Universales"* y los *"Juicios Limitantes"*.

Afirmaciones Universales:
En este tipo de generalizaciones aparecen palabras como *siempre, nunca, todo o nada.* Una posible forma de indagar es a través de la utilización de estas mismas palabras como preguntas.

"Siempre llega tarde"	¿Siempre?
"Nadie colabora"	¿Nadie? ¿Hubo alguna vez que...?
"Ella nunca escucha"	¿Nunca? ¿En alguna oportunidad...?

Juicios Limitantes:
Estas frases expresan las formas en que visualizamos nuestras propias limitaciones.

"No puedo decidirlo"	¿Qué te impide hacerlo?
"Es imposible lograrlo"	¿Qué pasaría si lo hicieras?
"Esto no es para mí"	¿Quién lo dice? ¿Cómo lo sabés?

Selecciones:

El proceso de selección es el que hace que únicamente prestemos atención a ciertos aspectos de nuestra experiencia y excluyamos otros. En este proceso suprimimos y dejamos afuera de nuestra atención e interés una parte de la realidad. A través de la indagación guiamos a nuestro interlocutor a que identifique la información eliminada. Determinamos tres tipos de selecciones: *"Sujetos Imprecisos"*, *"Contextos no especificados"* y *"Evaluación incompleta"*.

• **Sujetos imprecisos**
El sujeto de la acción no está explícito.

"Dieron la orden"	¿Quién específicamente?
"No valoran mi trabajo"	¿Quién no lo valora?

• **Contextos no especificados**
La frase no presenta información acerca de datos contextuales que son de fundamental interés para poder analizar correctamente la situación.

"Me defraudó"	¿Cómo? ¿Cuándo? ¿Dónde?
"Él genera conflicto"	¿De qué manera? ¿Con quién? ¿En qué situación?

• **Evaluación incompleta**
Están suprimidos los parámetros de evaluación o comparación.

"Tiene un rendimiento regular"	¿Comparado con qué? ¿Cuál es el estándar de evaluación?
"Es el mejor vendedor"	¿El mejor de qué equipo? ¿En qué año?

Distorsiones:

Decimos que se produce una distorsión cuando la interpretación que le asignamos a los hechos o circunstancias, no condicen necesariamente con los fenómenos observados. A través de la indagación desafiamos estas distorsiones a los efectos de que nuestro interlocutor pueda analizar y resignificar estas experiencias. Determinamos tres tipos de distorsiones: *"Relatos victimizados"*, *"Lecturas de Mente"*, *"Opiniones encubiertas"*.

Relatos victimizados

Se establece una falsa relación entre la causa y el efecto. Se pone en el afuera las causas de los problemas o emociones que se experimentan. Las preguntas apuntan a que el interlocutor se haga cargo de la situación, perciba su nivel de responsabilidad y encuentre recursos para accionar efectivamente.

"Me pone nervioso"	¿Cómo específicamente? ¿De qué manera? ¿Cómo podrías hacer para cambiar la situación?

"Me quita motivación"	¿Cómo hace para sacarte tu motivación? ¿Cómo es que dejás que esto ocurra? ¿Qué otra cosa diferente podrías hacer para que esto no suceda?

Lectura de mente

Decimos que hay *lectura de mente* cuando una persona pretende saber lo que el otro piensa o siente.

"Está enojado conmigo"	¿Cómo lo sabés?
"Me di cuenta de que querés provocarme"	¿Cómo te das cuenta?

Opiniones encubiertas

Cuando alguien expresa sus juicios como si fuesen descripciones de la realidad.

"Así va al fracaso"	¿Cómo lo sabés? ¿Quién lo dice?
"Esto está mal hecho"	¿En qué te basás para emitir esa opinión?

La importancia de esta clasificación de preguntas radica en que nos posibilita comprender cuál es el objetivo de cada una de ellas y cuándo es pertinente y oportuna su utilización en el contexto de la conversación. De esta manera incorporamos una herramienta que nos viabiliza desarrollar la competencia de la indagación en nuestras conversaciones cotidianas y particularmente en los procesos de facilitación que se realizan desde el liderazgo y el coaching.

Caso 4: Gabriela

Ejercicio realizado en el marco del proceso de formación en "Coaching Organizacional" en DPO Consulting.

Consigna: "Comience a poner en práctica en sus conversaciones cotidianas las distintas técnicas de indagación. Realice esta práctica durante 5 días seguidos y luego escriba un breve reporte sobre esta experiencia".

Estoy sorprendida con la experiencia vivida como primera práctica relacionada con la indagación. He recibido durante un período de dos semanas la visita de una amiga de la adolescencia con quien hace mucho tiempo no mantengo más que una relación por correspondencia. Durante su visita tuve la oportunidad de compartir bastante tiempo y poner en práctica las técnicas de indagación aprendidas. Algunos resultados que noté:

– Al hacer preguntas y no tomar una postura sobre el hecho que se relata, la otra persona se abre más a la conversación dado que no se siente juzgada en su accionar sino que entiende que las preguntas remiten a la obtención de información o a la apertura de posibilidades.

– Siendo que soy una persona que normalmente "dice" en lugar de preguntar, me sentí muy cómoda con tratar de observar y entender la situación desde la perspectiva del otro, más que decir la mía.

> – Creo que la distancia física y temporal con esta persona me ayudó a no "tomar partido" y poder simplemente entender su punto de vista y luego indagar para ver si era posible encontrar nuevas interpretaciones.
>
> – El hecho de no "tomar partido" me pone en un lugar que ayuda más al otro, ya que puedo o no estar de acuerdo con sus puntos de vista, pero el rumbo de las acciones a tomar es propia de la persona y no es la aceptación de una sugerencia mía.
>
> – La persona contó a lo largo de los días una historia desde la perspectiva de "víctima" y a través de preguntas logré que tomara responsabilidad de su accionar y sus posibilidades. Debo decir que no sólo me sentí muy orgullosa al respecto, sino que también vi un cambio claro en la emocionalidad de mi amiga.
>
> – Si bien ella no me había solicitado ayuda, yo tomé estos encuentros como una oportunidad para practicar la indagación y ver qué resultados obtenía. Al final de su estadía en la Argentina me comentó que volvía a Italia "mucho más liviana" y dueña de sus propias acciones.

IV. Entrar en sintonía

El contenido y el proceso de la comunicación

*"Las palabras son la voz de lo racional
cuyo proceso es posible contener y dominar,
los gestos son los procesos del inconsciente
casi imposibles de dominar. Son la voz del alma".*
Roger Dawson

Todos tenemos la experiencia de encontrarnos en algún bar o lugar público y ponernos a observar a las personas que se encuentran en ese ámbito. No oímos lo que hablan entre ellas pero podemos observar la postura de sus cuerpos, la gesticulación de sus manos y la expresión de sus rostros. También percibimos cómo interactúan: si los que participan del diálogo están inclinados sobre la mesa, si sus posiciones corporales son similares o muy distintas, si se miran a los ojos o si cuando uno habla el otro baja la mirada o gira su cabeza hacia la mesa de al lado. Y en función de todas estas observaciones, aunque desconozcamos el contenido de su conversación, muchas veces nos comenzamos a contar historias acerca de lo que está pasando con esas personas: si son una pareja o simplemente amigos, si están aburridos o malhumorados, si es una reunión de trabajo o uno de ellos le quiere vender algo al otro. Todas estas narrativas surgen de la asignación de sentido que le damos a la comunicación no verbal y a la interacción entre los interlocutores.

Observando estas interacciones, ciertas veces nos da la impresión que cada uno de los participantes está actuando por su lado, conectado consigo mismo pero no con su interlocutor. En otras oportunidades las personas dan la sensación de estar ligadas por una profunda conexión, por una imperceptible melodía que los guía en una sutil danza de la comunicación, como si generaran un campo energético que los une y a su vez los aísla de lo que pasa en su entorno. Cuando esto sucede decimos que las personas establecieron *rapport* o están en *sintonía*.

Para profundizar en este aspecto debemos retomar la distinción entre *"contenido"* y *"proceso"* que planteamos en el capítulo 1. Cuando nos referimos al *contenido* de la conversación, estamos dando cuenta de **qué** se dice y por lo tanto estamos en el **dominio del lenguaje verbal,** de las palabras. Queremos ahora focalizar nuestro análisis en el *proceso* de la conversación, en el *cómo* se dice lo que se dice y es entonces que estaremos abordando el **dominio del lenguaje no verbal.**

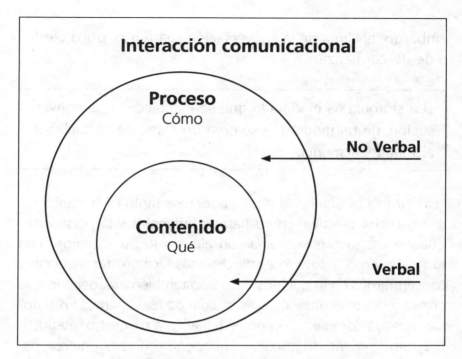

El contenido y el proceso de la comunicación

La *sintonía* se establece entre las personas no tanto por lo *que* se dice, sino por *cómo* se dice. No se vincula tanto con el *contenido* sino con el *proceso* de la conversación y esto corresponde al dominio de lo no verbal.

Podemos definir la *sintonía* como el vínculo que se establece en la conversación, de tal modo que se crea un clima de cordialidad, afinidad y armonía.

La *sintonía* consiste en encontrarse con las personas en su propio modelo del mundo. Cuando se está en *sintonía* con alguien se siente que se entiende su forma de observar e interpretar las cosas. Esto no significa que se esté de acuerdo. Es perfectamente posible estar en *sintonía* y en desacuerdo con alguien al mismo tiempo. Lo mismo que el acuerdo no garantiza *sintonía*. Se puede estar en conversación con alguien con quien se coincida en su forma de pensar y, sin embargo, el clima de la conversación sea tenso, poco cordial o de desconfianza.

> La sintonía es el vínculo que se establece en la conversación, de tal modo que se crea un clima de cordialidad, afinidad y armonía.

La *sintonía* es una herramienta poderosa tanto para establecer una escucha efectiva, como para la influencia y la persuasión. Cuando estamos en *sintonía* con alguien lo escuchamos "con todo el cuerpo". No sólo es mucho más fácil prestar atención y concentrarnos en lo que nos dice, sino también acceder a lo que piensa y siente el otro. Y a su vez, cuando escuchamos en *sintonía,* nuestra comunicación no verbal alienta a nuestro interlocutor y retroalimenta su discurso. *Entrar en sintonía* es una competencia clave para establecer una comunicación de alta calidad.

La danza de la comunicación

**"No sólo se escuchan tus palabras,
tu cuerpo también habla".**

Es evidente que hay personas que tienen más habilidad que otras para entrar en *sintonía* con sus interlocutores. Son los que rápidamente se vinculan, los que tienen una natural destreza para establecer relación con otro, los que prontamente son aceptados en cualquier ámbito social al que se integran. Muchos canalizan hacia el ámbito laboral estas capacidades de vinculación, trabajando en la comercialización o las relaciones públicas y son realmente exitosos. Pero si les pidiésemos que nos describan con precisión qué acciones realizan para lograr estos resultados, lo más probable es que nos contesten con vaguedades ya que simplemente hacen lo que hacen sin reflexionar mucho en ello, les "sale" naturalmente.

Más allá de la mayor o menor competencia para establecer este tipo de vínculos, todos tenemos múltiples experiencias de sentirnos cómodos, confiados y comprendidos en conversaciones, aún con personas desconocidas. También tenemos la vivencia de estar incómodos y sentir rechazo por otras personas sin saber muy bien los motivos, ni en uno ni en otro caso.

Cuando esto último sucede en un vínculo a nivel personal, simplemente optamos por estar con quienes nos agradan y nos generan bienestar. Pero cuando esto acontece en el ámbito laboral o de los negocios, la cuestión ya no es tan simple, ya que ahí no podemos elegir quién va a ser nuestro jefe, colega, cliente o proveedor, con quién nos vamos a sentar a negociar un tema complejo o quién nos va a realizar la entrevista de selección para el puesto de trabajo al que queremos acceder. En estos casos nos gustaría tener la respuesta a la pregunta ¿Qué acciones realizan los que logran entrar rápidamente en sintonía con cualquier persona?

Esta pregunta se la formularon Grinder y Bandler y para hallar una respuesta lo que hicieron fue observar a personas que trabajaban a través de su acción comunicativa. Entre otros observaron a psicoterapeutas de la talla de Milton Erickson y Virginia Satir, que si bien diferían en sus enfoques conceptuales y en sus metodologías de intervención, tenían en común que lograban resultados muy notables. Después de largas observaciones y filmaciones pudieron determinar qué acciones coincidían y qué conductas se repetían, y de esta forma armaron un modelo que permite reproducir este proceso de danza sutil que se establece entre los interlocutores.

Para poder explicar este modelo lo desagregaremos por pasos, con la aclaración de que cuando esto se lleva a la práctica, esta secuencia se realiza en pocos segundos y casi en forma simultánea. Los pasos del proceso para *entrar en sintonía* son:

1. Percibir al otro.
2. Calibrar.
3. Espejear.
4. Acompasar.

El primer aspecto a tener en cuenta es **"percibir al otro"**. Esto puede parecer algo obvio. Se podría argumentar que: *"si estoy conversando con alguien, no puedo dejar de percibirlo"*. Sin embargo, esto no siempre es así. Muchas veces cuando indagamos acerca de alguna conversación que una persona mantuvo recientemente, es más fácil que nos pueda relatar el contenido de la misma a que logre describirnos el estado de ánimo de su interlocutor.

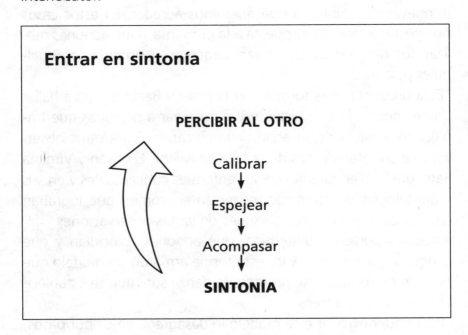

Entrar en sintonía

PERCIBIR AL OTRO

Calibrar
↓
Espejear
↓
Acompasar
↓
SINTONÍA

El proceso de entrar en sintonía

Se dice que en toda conversación se desarrollan en forma simultánea tres conversaciones: la *conversación pública,* que es la que tienen entre sí los dos interlocutores y las *conversaciones privadas* que cada uno de ellos mantiene consigo mismo. Cuando esta conversación privada es muy importante, cuando la preocupación está centrada en lo que vamos a decir, en nuestra línea argumentativa o en especulaciones y enjuiciamientos; cuando estamos metidos en nuestro "rollo interno" o distraídos pensando en otra cosa, nos perdemos a nuestro interlocutor. Hablamos, pero no establecemos un vínculo comunicacional.

Otra de las causas por las cuales no logramos percibir al otro en profundidad, es porque tenemos la creencia de que cuando escuchamos permanecemos en una actitud pasiva y, por lo tanto, estamos perdiendo el tiempo. Es por esto que algunos piensan que pueden "aprovechar" para efectuar otras actividades mientras conversan. Es así que muchas veces se dice la frase *"vos seguí hablando que yo te escucho",* mientras se realiza otra tarea en vez de enfocarse en la conversación. Aunque la persona tenga la habilidad de escuchar y desarrollar en forma simultánea otra actividad, su escucha y todo el proceso comunicacional no va a ser de la misma calidad que si se dispone a escuchar, deja todo lo que está haciendo, toma contacto visual, presta atención a su interlocutor y percibe al otro con todos sus sentidos.

Dentro del percibir al otro, denominamos **"calibrar"** a utilizar la agudeza sensorial para ver, oír y sentir la comunicación no verbal de nuestro interlocutor. El calibrado es el proceso de observación profunda por el cual percibimos las señales de la fisiología de las personas. Calibramos para obtener información que nos permita acceder al mundo interno de nuestro interlocutor ya que, como explicamos anteriormente, la corporalidad de una persona expresa su emocionalidad y proceso de pensamiento. Recordemos lo dicho sobre la relación de interdependencia entre pensamientos, emocionalidad y corporalidad.

La posibilidad de *"entrar en sintonía"* requiere como condición básica saber percibir la emocionalidad de nuestro interlocutor a través de la observación de su lenguaje no verbal. La experiencia demuestra que las personas que están en mayor contacto con sus propias emociones, que saben reconocer los signos corporales generados por sus sentimientos, tienen mayor facilidad para realizar esta lectura corporal en el otro.

> La corporalidad de una persona expresa su emocionalidad y proceso de pensamiento.

Cuando calibramos es importante prestar especial atención al conjunto de signos y señales del lenguaje no verbal. Para abordar el tema del lenguaje no verbal habrá que reconocer que estamos ante un objeto de estudio de carácter complejo, que se manifiesta de múltiples y variadas formas y adquiere características particulares y únicas de acuerdo a cada persona. Así como dijimos que las palabras tienen un significado compartido y uno particular, también en el lenguaje no verbal podemos decir que este fenómeno se repite. Desarrollar la competencia de observar el lenguaje no verbal implica tener una mirada holística, prestar atención al conjunto de señales sin desvincularlas de la situación y el contexto.

Los psicólogos franceses Cayrol y Saint Paul[13] sostienen que: "A partir del sentido de la observación usted puede obtener rápidamente la información que necesita de sus interlocutores. Sus macro y micro comportamientos reflejan sus procesos de pensamiento y le permiten comprender cómo construyen sus experiencias, así como verificar de qué manera influyen sus intervenciones en ellos. Dicho de otro modo, sus facultades de

13 Cayrol Alain y Saint Paul Josaine, *Mente sin límites – La Programación Neurolingüística*, Robin Book, Barcelona, 1994

observación le ayudarán a ajustar su estilo de comunicación en función de sus interlocutores, con el fin de crear y mantener el contacto que usted desee con ellos".

> Observar el lenguaje no verbal implica tener una mirada holística, prestar atención al conjunto de señales sin des-vincularlas de la situación y el contexto.

Una vez que hemos observado con detenimiento a nuestro interlocutor, podemos adoptar una posición corporal semejante. Igualar el lenguaje corporal y el tono de voz es una forma natural de conectar con los demás. A esto lo denominamos **"espejear"**. Se trata de buscar un equivalente, no sólo de la posición corporal sino también del ritmo y volumen de la voz. Si la corporalidad es reflejo de nuestra emocionalidad y ésta de nuestros procesos de pensamiento, al adoptar una posición corporal análoga le comunicamos a nuestro interlocutor, a un nivel inconsciente, que estamos sintiendo y pensando en forma similar. Mediante la igualación del lenguaje corporal creamos un puente con el modelo del mundo del otro y de esta forma establecemos contacto a nivel consciente e inconsciente al mismo tiempo.

Daniel Goleman[14] sostiene que: "Cuando dos personas inician un diálogo, inmediatamente comienzan una danza sutil de armonía rítmica (…) En el grado en que adoptemos el ritmo, la postura y la expresión facial del otro, comenzamos a habitar su espacio emocional; cuando nuestro cuerpo imita al ajeno se inicia la sintonización emocional".

Es importante destacar que el *espejear* no implica copiar al otro, sino sólo adoptar un símil corporal. Esta adaptación debe

---

14 Goleman Daniel, *La Inteligencia Emocional en la Empresa,* Vergara, Bs. As., 1998

realizarse con respeto y sin exagerar, ya que si nuestro interlocutor siente que lo estamos imitando, pensará que nos estamos burlando de él y esto nos conducirá al efecto inverso al deseado.

> "Entrar en sintonía" requiere como condición básica saber percibir la emocionalidad de nuestro interlocutor a través de la observación de su lenguaje no verbal.

Todos estos pasos sirven para lograr el acompasamiento con nuestro interlocutor. **"Acompasar"** es entrar en el compás del otro, llevar su mismo ritmo. Podemos comprender más cabalmente este concepto si utilizamos la metáfora de la danza para pensar en la interacción comunicacional. Imaginemos que cuando el proceso de la comunicación fluye en sintonía, es como cuando dos personas bailan armoniosamente llevando el mismo compás.

El **acompasamiento** produce una compenetración emocional que se expresa por la sincronía con que ambos interlocutores combinan sus movimientos corporales mientras conversan. Se ríen o gesticulan en forma similar, o cuando uno se mueve en la silla el otro imita inconscientemente el movimiento, o ambos se inclinan sobre la mesa casi al mismo tiempo.

Desde el proceso de la comunicación, los pasos de *percibir, calibrar y espejear* nos permiten captar el ritmo y entrar en el compás de nuestro interlocutor. El *acompasamiento* es la herramienta que utilizamos para establecer **sintonía**.

Además del acompasamiento corporal, podemos utilizar *frases de acompasamiento*. El objetivo de las mismas no es otorgarle la razón, ni tampoco "seguirle la corriente" a nuestro interlocutor, sino darle a entender en forma explícita que comprendemos y respetamos su forma de pensar y sentir. Algunas de estas frases pueden ser:

- Lo entiendo.
- Lo comprendo.
- Entiendo cómo se siente / cómo lo ve.
- Comprendo su situación.

Recapitulando, podemos decir que el conversar es mucho más que el decir y el escuchar, que en la danza de la comunicación hay un continuo intercambio de lenguaje, emociones y corporalidad, y que tanto para escuchar como para hablar en forma efectiva es fundamental que tengamos en cuenta este *proceso* de la conversación. El estado ideal de este proceso es aquel en el que logramos entrar en *sintonía* con nuestro interlocutor y para lograrlo debemos realizar un *acompasamiento* eficaz.

Estos mismos recursos a los que acudimos para entrar en sintonía y lograr una óptima interacción comunicativa, también se pueden utilizar en el sentido inverso. Si en alguna circunstancia queremos transmitirle a alguien una actitud de indiferencia, distancia o confrontación, lo podemos hacer a través de sutiles señales corporales que desacompasen la conversación. Por ejemplo, si deseamos finalizar un diálogo puede bastar con que cambiemos de posición y miremos nuestro reloj. Lo primordial es tener conciencia de la importancia que tiene la comunicación no verbal en nuestras conversaciones y cómo la podemos utilizar en uno u otro sentido.

Caso 5: Claudia

Ejercicio realizado en el marco del proceso de formación en "Coaching Organizacional" en DPO Consulting

Consigna: "Efectúe varias prácticas de 'Entrar en sintonía' en conversaciones laborales o cuando se reúne con alguien por algún objetivo específico. Realice un breve reporte sobre esta experiencia".

En relación a los pasos de "Entrar en sintonía" descubrí que el primer paso, el de percibir al otro, es el que más me cuesta. Llegué a darme cuenta de que, en múltiples ocasiones estoy mucho más ocupada en mi propia conversación interna, ya sea en juicios acerca de lo que la persona me está diciendo o en especulaciones acerca de por qué me dice lo que me dice. Pero esto es algo que escapaba totalmente de mi conciencia, era algo que lo hacía en piloto automático y que nunca sometí a reflexión hasta que vimos el tema en clase. Me di cuenta de que siempre estoy más metida en mí y en la manera en la que yo pienso que se deben hacer las cosas, que predispuesta a percibir al otro y su postura, sin adoptar barreras defensivas que obstaculizan mi comunicación y mis vínculos con los demás.

En relación al segundo paso, al de calibrar, considero que soy muy buena en lo que respecta a observar al otro y "leer" su lenguaje corporal, el cual transmite claramente sus estados emocionales.

El ejercicio me resultó particularmente sorpresivo en relación a los resultados que obtuve. En mi trabajo tengo una compañera con la que me cuesta mucho relacionarme porque somos muy distintas en lo relativo a personalidades: ella es muy callada, habla muy despacito y se toma mucho tiempo para explicar o proponer cosas, cuestión que a mí generalmente me pone nerviosa y ansiosa, lo cual estoy segura de que se refleja en mi lenguaje corporal.

Para realizar esta consigna pensé en ella y un día en el trabajo en el que debíamos escribir juntas un informe, me propuse poner en práctica esta técnica. Traté en un primer momento de tranquilizarme, reducir mi tono de voz y el ritmo en el que hablo generalmente.

> *Traté de escucharla con paciencia y asentir o utilizar comentarios que alentaran a que siga hablando y transmitirle que me interesaba lo que decía. A su vez fui adoptando de a poco su estilo y ritmo de hablar sin que quedara muy evidente.*
>
> *Así fuimos entrando en "sintonía" y los resultados fueron en verdad increíbles. Lo que generalmente nos toma muchísimo tiempo, que es ponernos de acuerdo en qué aspectos incluir en el informe y en cómo redactarlo, fue algo que surgió naturalmente y se hizo de manera muy rápida y productiva, sin los permanentes roces que tengo con ella. Realmente creo que pude acomodarme a su modelo de expresarse y pensar, pudiendo de esta manera lograr de manera mucho más efectiva nuestro objetivo.*

V. Conversar en forma constructiva

Cuestión de actitud

"Hay momentos en la vida en que la cuestión de saber
si uno puede pensar de otra manera de como piensa y
percibir de otra manera de como percibe,
es indispensable para continuar mirando y reflexionando".
Michel Foucault

Hemos planteado anteriormente que, si bien los conocimientos y habilidades son de suma importancia, la actitud cobra una relevancia fundamental y condiciona fuertemente la efectividad en la implementación de la competencia. Idéntica posición podemos sustentar con respecto al conversar. De nada vale conocer todas las distinciones teóricas que hemos expuesto y adquirir las destrezas en su uso, si eso no va acompañado de una actitud que garantice el desarrollo de una *conversación constructiva*.

Así como un bisturí en las manos de un cirujano experimentado puede ser el instrumento para salvar la vida de una persona, en posesión de un asesino se convierte en un arma mortal. Del mismo modo, todas las competencias que hemos descrito no garantizan por sí solas un determinado resultado. Es nuestra actitud la que establece el modo en que las utilizaremos y el efecto que obtendremos.

Pensemos el caso de una de las competencias conversacionales que hemos desarrollado, como es la de *indagar con maestría*. Dijimos que la indagación constituye una poderosa herramienta para la efectividad de nuestras conversaciones, ya que nos posibilita obtener información más precisa y guiar procesos de pensamiento. Pero estas acciones, si se quieren utilizar para establecer una conversación constructiva, habrá que realizarlas desde una actitud de apertura y aceptación a la diversidad de opiniones y en *sintonía* con nuestro interlocutor. También somos conscientes de que esta misma competencia puede servir con el objetivo opuesto y se la puede utilizar para indagar inquisitivamente, apabullar al otro, ridiculizarlo o destruir su argumentación. La indagación que no parte de un profundo respeto al interlocutor, se transforma en interrogatorio. Es decir, la herramienta es sumamente poderosa, pero es la actitud con la que se la utilice la que va a determinar el sentido y el fin de su uso y, por lo tanto, los resultados emergentes del mismo.

Que actuemos y nos vinculemos desde una u otra actitud, va a estar en relación con la concepción del mundo que sustentemos y de nuestras creencias y valores. Son nuestros modelos mentales los que le asignan sentido y direccionalidad a nuestras conductas y comportamientos.

Describiremos dos tipologías de modelos mentales a los que denominaremos *"verdad absoluta"* y *"observación diversa"*, y veremos cómo estos modelos, a partir de su particular manera de percibir e interpretar los acontecimientos de nuestra vida, generan a su vez muy diferentes formas de actuar e interactuar, de construir los vínculos y de establecer nuestras relaciones.

Verdad absoluta

"La verdad es una ilusión sin la cual una cierta especie no puede sobrevivir".
Friedrich Nietzsche

La concepción de *verdad absoluta* es la que se sustenta en la noción de que el ser humano tiene la posibilidad de acceder al conocimiento preciso de los fenómenos y las circunstancias que acontecen en el mundo circundante. Plantea que podemos tener un conocimiento objetivo de la realidad. El concepto de "objetivo" surge de entender que el sujeto que observa, analiza e interpreta esa realidad puede sustraerse de su subjetividad, de su aparato cognitivo y de su emocionalidad, y puede tener un acceso directo al conocimiento. Cuando desde esta concepción se considera que esto se produce, se postula que se posee la "verdad".

Como dijimos anteriormente, esta concepción sobre el ser humano y su acceso al conocimiento es la que impera en forma preponderante desde hace tiempo y se ha constituido en una creencia generalizada desde la cual analizamos y accionamos. Estos postulados han generado un modelo de pensamiento que en múltiples ocasiones nos lleva a encarar nuestras conversaciones como una discusión donde se dirime quién tiene razón, es decir, quién posee la verdad.

Cuando operamos desde el modelo mental de *verdad absoluta*, pensamos que cualquier otra interpretación sobre algún fenómeno o circunstancia que contraríe nuestro postulado de verdad, constituye una falsedad, una ilusión, un error grave, una explicación inválida o una mentira explícita. La actitud que surge como lógica consecuencia de esta creencia, es negar o desacreditar cualquier supuesto que contradiga lo que consideramos la verdad, ya que cuando actuamos desde esta lógica entendemos que una opinión diferente está desconociendo la realidad a la cual hemos accedido en forma "objetiva".

> El modelo de "verdad absoluta" nos lleva a encarar nuestras conversaciones como una discusión donde se dirime quién tiene razón, es decir, quién posee la verdad.

Cotidianamente podemos observar conversaciones que son verdaderas contiendas verbales. Cuando esto sucede entre personas que tienen evidente enemistad, que poseen intereses contrapuestos, que pujan por una posición de poder o que simplemente se llevan mal por cuestiones de carácter o forma de ser, uno tiende a pensar que son estas diferencias las que motivan las conductas agresivas, confrontativas y descalificantes del interlocutor. Pero cuando reflexionamos que estas razones no justifican el transformar nuestras conversaciones en un campo de batalla y que muchas personas, con éstas o mayores diferencias encuentran soluciones y caminos alternativos para conversar en forma constructiva, volvemos a pensar que existen otros motivos que ocasionan estas interacciones nocivas.

Esta conclusión se refuerza cuando observamos esta misma forma dañina de interactuar entre familiares, amigos o compañeros de trabajo que se estiman, pero que en el momento de conversar sobre algún tema sobre el que mantienen distintas concepciones, se enfrentan o sostienen conversaciones donde pareciera que quisieran destruirse mutuamente.

Cuando nos interrogamos acerca de por qué se producen estas interacciones nocivas, la respuesta que nos surge es porque se discute para ver quién posee la verdad. Este tipo de discusión surge como una lógica consecuencia de la concepción de *verdad absoluta.* El supuesto implícito es que la verdad es un bien escaso y que si uno "posee" la verdad, el otro no la tiene.

Cuando la conversación se transforma en una contienda donde el objetivo es demostrar quién tiene razón, se genera un doble movimiento. Por un lado se argumenta para probarle al otro la "veracidad" de la posición sustentada y, por otro lado, se desacredita cualquier otra opinión señalando su equivocación y tratando de demostrar que desconoce la realidad o que está falseando la verdad. Es una pelea de "suma cero", ya que parte del supuesto de que cuanta más razón uno posea, menos tendrá el otro y viceversa.

> El supuesto implícito es que la verdad es un bien escaso y que si uno "posee" la verdad, el otro no la tiene.

Quien acciona desde este modelo mental, no sólo cree poseer la *verdad absoluta,* sino que también piensa que debe demostrar fehacientemente lo equivocado que está su "rival". Por lo tanto, en estas conversaciones hay ganadores y perdedores, y las armas a utilizar consisten en esgrimir la propia argumentación, socavar las ideas del "oponente" y hasta desacreditar su persona.

Cuando las personas establecen sus relaciones desde esta noción de *verdad absoluta*, el objetivo implícito de cada interlocutor es imponerle al otro su "verdad". Humberto Maturana[15] sostiene que cuando se actúa desde esta concepción *"las*

---

15 Maturana Humberto, *La Objetividad, un argumento para obligar,* Dolmen/Granica, 1997

explicaciones suponen la posesión de un acceso privilegiado a una realidad objetiva" y, por lo tanto, *"una pretensión de conocimiento es una demanda de obediencia".*

A lo máximo que se puede aspirar es a la tolerancia entre los interlocutores, pero nunca a una elaboración conjunta, a un intercambio constructivo de puntos de vista, al aprendizaje mutuo o al enriquecimiento de ambas posiciones.

Observación diversa

"Cree a aquellos que buscan la verdad,
duda de los que dicen haberla encontrado".
André Gide

El concepto de "modelos mentales" lleva implícita la idea de que nuestras observaciones no son la descripción de la realidad, sino que sólo representan la forma en que percibimos e interpretamos los acontecimientos del mundo exterior.

Los seres humanos no podemos tener un conocimiento "objetivo" de la realidad, ya que toda observación es realizada por un sujeto cuyo proceso de percepción está mediatizado por su estructura biológica, cognitiva y emocional que es la que le posibilita asignarle sentido a lo percibido.

Esta distinción entre lo que es y lo que podemos observar, entre el suceso y su explicación, entre el acontecimiento y su interpretación, entre el territorio y el mapa que lo describe, da cuenta de la diversidad de miradas posibles sobre un mismo hecho. Explica la razón por la cual diferentes personas frente al mismo evento pueden interpretarlo y vivenciarlo de manera disímil. Esta complejidad del proceso del conocimiento humano queda desechada cuando los individuos asumen la concepción de *verdad absoluta* y discuten para imponer su propia y única verdad.

Postulamos la posibilidad de actuar desde un enfoque de *observación diversa,* que considere las distintas observaciones y opiniones de las personas, que no descarte ni descalifique la multiplicidad de miradas y puntos de vista sobre un mismo tema, que utilice la pluralidad para enriquecer y potenciar las distintas perspectivas, que comprenda aunque no comparta y que asuma la legitimidad de las diferencias.

A partir de una actitud de respeto al otro y de aceptar la legitimidad de las distintas opiniones, se puede concebir la conversación como una instancia de intercambio y aprendizaje mutuo.

Desde esta concepción del ser humano y su acceso al conocimiento, la conversación ya no es una contienda para ver quién tiene razón, ni se trata de someter o descalificar al que piensa distinto. A partir de una actitud de respeto al otro y de aceptar la legitimidad de las distintas opiniones, se puede concebir la conversación como una instancia de intercambio y aprendizaje mutuo, lo que hace factible integrar los diferentes puntos de vista a los efectos de acrecentar conocimientos y posibilidades de acción.

No obstante lo dicho, vale aclarar que si bien postulamos que ninguna teoría o creencia es verdad o mentira, esto **no quiere decir que todas las opiniones tengan la misma validez.** Dijimos anteriormente que todo juicio conlleva el compromiso de su fundamentación y es en función de los fundamentos esgrimidos que podremos evaluar qué teoría u opinión nos parece más poderosa para analizar la realidad y operar en forma efectiva en ella.

Conversaciones constructivas

*"El verdadero viaje de descubrimiento
no consiste en buscar nuevos territorios
sino en tener nuevos ojos".*
Marcel Proust

Decimos que una conversación es constructiva cuando las personas que participan en la misma, a partir de una actitud de mutuo respeto y aceptación, exponen e intercambian sus opiniones explicitando los fundamentos que las respaldan. Dan a conocer la forma en como observan la situación y los cursos de acción que consideran más adecuados. Buscan puntos de coincidencia y consenso, aclarando diferencias de apreciación y enfoque en función de lograr la expansión de la capacidad de acción y el aprendizaje individual y grupal.

En los nuevos estilos de gestión, esta competencia de conversar en forma constructiva se constituye en un elemento fundamental para la productividad grupal y la gestión del trabajo del conocimiento.

Podemos evaluar la efectividad de nuestras conversaciones en función de tres parámetros:

1. El logro de los objetivos.
2. La construcción del vínculo.
3. El aprendizaje mutuo.

1. El logro de los objetivos

Toda acción produce algún tipo de resultado y las conversaciones son una de las principales acciones que efectuamos en forma cotidiana en la realización de nuestras actividades laborales. Tanto el contenido como el estilo de nuestras conversaciones condicionan nuestro desempeño e impactan en nuestra efectividad.

2. La construcción del vínculo

Si pensamos que toda organización puede observarse como una red de conversaciones y que la productividad organizacional está en relación a la calidad del funcionamiento de esa red, tendremos que tener en cuenta no sólo el logro de los objetivos específicos, sino también en qué medida nuestras conversaciones aportan a fortalecer o a deteriorar ese sistema de vínculos conversacionales.

Cuando en un ámbito laboral se mantienen conversaciones que desacreditan, desprestigian o no tienen en cuenta el punto de vista del otro, por más que circunstancialmente se logren los objetivos establecidos, se deterioran las relaciones entre los miembros del equipo de trabajo o entre las distintas áreas de la misma organización y a la larga se reciente la capacidad de acción del colectivo de trabajo.

3. El aprendizaje mutuo

En cualquier actividad, pero fundamentalmente en las tareas que están relacionadas con el trabajo del conocimiento, la efectividad de los equipos está en relación con su capacidad de capitalizar el talento individual y potenciar el conocimiento colectivo. Las tareas no estandarizadas implican un alto nivel de creatividad e innovación, y ello requiere la capacidad para establecer conversaciones que abran la posibilidad del aprendizaje continuo y la producción del conocimiento grupal.

En función de estos parámetros podremos decir que nuestras conversaciones son efectivas en la medida en que nos viabilizan lograr los resultados requeridos, consolidan nuestras relaciones, realimentan en forma positiva nuestra red de vínculos y abren espacios de elaboración y aprendizaje mutuo.

Decálogo de las conversaciones constructivas

1. Se comparte la información disponible

2. Se exponen y fundamentan los distintos puntos de vista

3. No se invalida a quien sustenta una opinión diferente

4. Se explicita el proceso de razonamiento y no sólo las conclusiones y propuestas

5. Se indaga para entender correctamente, para que el otro revele sus preocupaciones y dé a conocer su forma de observar la situación

6. Se pregunta para comprender en profundidad los razonamientos y propuestas del interlocutor

7. Se escucha con atención y apertura

8. Se genera un clima de confianza que elimina las barreras defensivas

9. Se trabaja en forma colaborativa para revelar, analizar y resolver las diferencias

10. Se dialoga para lograr el aprendizaje mutuo y la expansión de la capacidad de acción

Capítulo 6

La comunicación en la coordinación de acciones

Las redes de relaciones

"La organización y la comunicación están totalmente ligadas, la organización permite o no la comunicación y la organización se realiza a través de la comunicación".
Fernando Flores

Nuestra competencia para coordinar acciones con otras personas tiene una importante incidencia en nuestro quehacer laboral. Tanto los que trabajan en ámbitos organizacionales como aquellos que realizan su labor como profesionales independientes o prestan servicios por su cuenta, ven afectado el resultado de su desempeño por la extensión y la calidad de *su red de relaciones* y por la forma en la que interactúan en la misma.

Pensemos en el trabajo que realiza un artista, un vendedor, un plomero o un asesor financiero, y veremos que por más que efectúe su tarea específica en forma individual, para que la misma sea posible tendrá que interactuar en complejas redes de vínculos constituidas por colegas, clientes, representantes, asistentes y proveedores. Deberá establecer conversaciones para ofrecer sus servicios, adquirir insumos, recibir solicitudes de trabajo, inter-

cambiar conocimientos, requerir colaboración o cobrar sus honorarios. Todo lo que pueda hacer y logre obtener dependerá de la
coordinación de acciones en estas redes de relaciones.

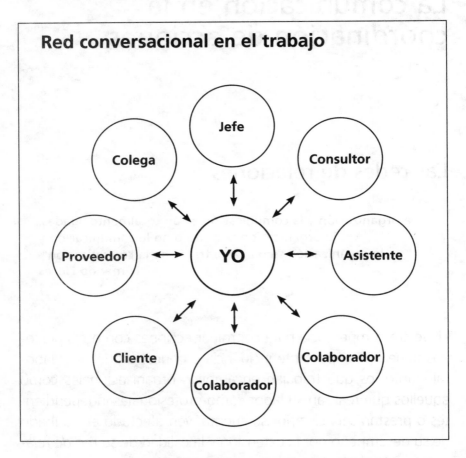

Red conversacional

La importancia de la competencia en la coordinación de acciones
no sólo se restringe al dominio de lo laboral, sino que proyecta su
trascendencia a todos los ámbitos del quehacer humano. Un aspecto central en la vida de las personas es el concerniente a la capacidad
para manejarse con eficacia en las distintas redes de relaciones en
las que acontece su accionar cotidiano a nivel familiar y social.

Todos los seres humanos, como seres sociales, desplegamos los distintos aspectos de nuestro existir en diversos ámbitos en los que interactuamos con otras personas y donde nuestros comportamientos coexisten con un alto nivel de interdependencia. La amplitud y diversidad de nuestras redes de relaciones, la habilidad con que interactuamos en las mismas y la consistencia de nuestros vínculos, condicionan nuestra capacidad de acción y el logro de nuestros objetivos, determinan nuestro horizonte de posibilidades e inciden en nuestra calidad de vida.

> Un aspecto central en la vida de las personas es el concerniente a la capacidad para manejarse con eficacia en las distintas redes de relaciones en las que acontece su accionar cotidiano.

Esto hace que debamos reflexionar acerca de qué acciones realizamos cuando interactuamos con otras personas, cómo construimos y sustentamos esta red de relaciones y cuán efectivos somos en nuestra coordinación de acciones. Iremos descifrando estos interrogantes a lo largo de este capítulo.

Acordar compromisos

*"No dejes de creer que las palabras
y las poesías pueden cambiar el mundo".*
Walt Whitman

Si analizamos nuestras redes de relaciones podremos observar que por las mismas circulan diversos tipos de conversaciones.

Ahora bien, si reflexionamos acerca de qué acción conversacional realizamos para coordinar una actividad con otra persona, veremos que siempre que queremos que algo suceda, cuando el propósito de la conversación es concertar la realización de alguna acción en un tiempo futuro, lo que hacemos es *acordar un compromiso.* El compromiso es el *"nudo conversacional"* que atamos entre dos personas, en el cual se establece qué va a realizar cada uno, de qué forma, en qué plazo y con qué características.

Los compromisos son los actos lingüísticos que nos permiten coordinar acciones con otras personas. A diferencia de los otros actos lingüísticos (Afirmaciones, Juicios, Declaraciones) que implican una acción individual, realizar un compromiso siempre supone un acuerdo entre dos partes. A través de los compromisos que vamos estableciendo, emprendemos nuestras tareas, nos coordinamos con otros y ampliamos nuestra capacidad de acción. A nivel laboral, la competencia para acordar y cumplir compromisos incide en la gestión de los equipos de trabajo y en la productividad organizacional.

Cada compromiso tiene un poder multiplicador, ya que generalmente desencadena un conjunto de acciones necesarias para cumplir el compromiso. Pensemos, por ejemplo, en una simple transacción comercial que realiza una empresa de confección de ropa, que acuerda con un cliente entregarle un pedido en una fecha determinada. Para cumplir con este compromiso debe contraer otro conjunto de compromisos en su red de relaciones, dentro y fuera de la organización. El jefe de ventas tendrá que convenir con el jefe de producción su elaboración y éste a su vez deberá dar las indicaciones necesarias a su equipo de trabajo. Tendrá que comunicarle la orden de trabajo al jefe de compras y éste a su vez deberá implementar la adquisición de las materias primas necesarias con los correspondientes proveedores, los que a su vez deberán efectuar similares operaciones al interior de sus respectivas organizaciones. También tendrán que acordar con la empresa de transporte el despacho de la mercadería y posteriormente se deberá disponer el cobro de la misma.

Otro aspecto que revela la importancia de esta acción conversacional, es que debido a esta capacidad de acordar compromisos podemos **incrementar nuestra capacidad de acción** y lograr cosas que no nos hubiesen sido posibles sin la habilidad de coordinar nuestra acción con la de otros. Cuando alguien promete que va a realizar determinada acción en el futuro, la otra persona puede tomar compromisos y ejecutar acciones que antes no le eran posibles. Por ejemplo, si un miembro del equipo de trabajo se compromete a tener redactado el informe del desarrollo de un nuevo producto para el jueves a la tarde, el jefe a su vez se puede comprometer con el gerente del área a presentar el desarrollo realizado en la reunión del viernes a la mañana y éste por su parte puede comprometerse con el gerente de marketing a pasarle la información después de dicha reunión.

Estas redes de compromisos se constituyen en el *sistema nervioso central* de las organizaciones. Cuando estos compromisos no se cumplen en tiempo y forma, necesariamente tienen efectos sistémicos, ya que afectan a muchas más personas de las que específicamente estuvieron involucradas en el primer compromiso.

Del tipo de compromiso acordado va a depender **que ambas personas queden implicadas en realizar una acción, o que bien uno de ellos la deba efectuar a satisfacción del otro.** Por ejemplo, si Juan y Raúl acuerdan reunirse un día a determinada hora para evaluar la factibilidad de un proyecto, la responsabilidad de efectuar la acción (asistir a la reunión) es de ambos. Pero si Juan le pide a Raúl que evalúe el proyecto y que le presente un informe en el término de cinco días y Raúl acepta el pedido y se compromete a realizarlo, la responsabilidad de cumplir la acción es de éste último.

También puede suceder que el compromiso determine que ambas personas realicen sendas acciones en tiempos sucesivos. En el ejemplo de la empresa de confección de ropa, el compromiso establecido en la compra de la mercadería implicó que el fabricante tuviera que realizar la acción de elaboración y entrega en tiempo y forma. Pero a su vez, el acuerdo supone que una vez recibida dicha mercadería y si la misma cumple con las condiciones establecidas, el cliente queda comprometido a efectuar el pago correspondiente.

Quien promete lo hace con total responsabilidad y aunque pueda delegar las acciones necesarias para cumplir el compromiso, **la responsabilidad asumida es indelegable.** Si el empresario no cumple con la entrega de la mercadería de acuerdo a las condiciones establecidas, de nada vale que le explique al cliente que su proveedor de tela no le entregó el pedido o que su jefe de producción se enfermó, él es el único responsable. Las explicaciones a lo sumo pueden servir para atemperar la pérdida de confianza pero no reestablecen la responsabilidad por el eventual perjuicio ocasionado.

Las posibilidades que tenemos de lograr nuestros objetivos dependen del mutuo cumplimiento de los compromisos contraídos. Cuando tomamos conciencia del efecto multiplicador que tienen para nosotros y nuestro entorno los compromisos que asumimos, nos damos cuenta que no cumplir con ellos impacta no sólo en la efectividad individual y colectiva, sino en el deterioro de la imagen pública, en la calidad de los vínculos y en la pérdida de confianza.

El compromiso: un "nudo conversacional"

> "Compromiso es lo que transforma
> una promesa en realidad.
> Es la palabra que habla con
> coraje de nuestras intenciones".
> **Shearson Lehman**

Dijimos que los compromisos son "nudos conversacionales", que para atarlos necesitamos al menos de dos personas. Una conversación para convenir un compromiso puede iniciarse de dos maneras posibles, con dos actos lingüísticos distintos: con un **pedido** o con un **ofrecimiento**. No podemos acordar compromisos sin peticiones u ofrecimientos y ambas son **acciones de apertura para la concreción de un compromiso**.

A su vez, ni el pedido ni el ofrecimiento garantizan por sí solos la realización del compromiso, ya que constituyen sólo uno de los extremos de la soga. Necesitamos del otro extremo para efectuar el nudo. El compromiso se materializa cuando el otro acepta el ofrecimiento, o cuando acepta la petición y realiza la promesa de ejecutar la acción implícita en el pedido.

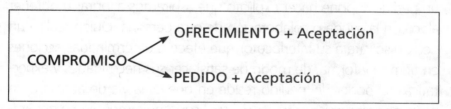

COMPROMISO
- OFRECIMIENTO + Aceptación
- PEDIDO + Aceptación

La petición y el ofrecimiento difieren fundamentalmente en que sitúan en diferentes personas la responsabilidad del cumplimiento de la acción a realizar. Cuando el proceso de acordar un compromiso se inicia con una petición, quien acepta promete realizar la acción solicitada. Si el proceso se inicia con un ofrecimiento, de ser aceptado el que realizó el ofrecimiento es el que asume el compromiso de ejecutar la acción. El ofrecimiento lleva la promesa implícita; es decir, si la otra persona acepta el ofrecimiento, en forma automática queda formulada la promesa de realizar la acción ofrecida.

> Los compromisos son "nudos conversacionales" que para atarlos necesitamos al menos de dos personas.

Los pedidos

"Muchas veces las cosas
no se le dan al que más las merece,
sino al que sabe pedirlas con insistencia".
Arthur Schopenhauer

El pedido es una acción que implica hacerse cargo de algo que uno quiere y no tiene. Los pedidos nacen de una carencia o del deseo de generar una realidad nueva o diferente a la existente. Realizar un pedido supone hacer explícito que aspiramos a lograr u obtener algo con la ayuda o colaboración de otra persona. Quien realiza un pedido solicita a su interlocutor que efectúe determinadas acciones en tiempo y forma, de modo de satisfacer sus necesidades y expectativas. El poder del pedido reside en que es la vía de acceso a un posible compromiso, a través del cual conseguiremos algo o generaremos una nueva realidad en pos de nuestros objetivos.

> El pedido es una acción que implica hacerse cargo de algo que uno quiere y no tiene.

Un pedido puede adoptar distintas formas y características dependiendo del vínculo, el contexto situacional y las posibles asimetrías de poder entre las personas. Más allá de la mayor o menor formalidad con que se formule el pedido, lo importante es que sea escuchado como una petición y no como una expresión de deseo; que se aclaren y especifiquen las implicancias y características que conlleva el pedido, y que la otra persona defina con claridad si asume o no el compromiso de realizar las acciones solicitadas de la manera acordada.

Pedir puede ser algo muy sencillo de realizar, aunque no siempre lo es. Y esto se debe a que en el pedido muchas veces queda expuesta la carencia de quien pide. En la petición emerge la necesidad o insatisfacción a solucionar con la asistencia del otro. Por ejemplo, si le pedimos a un colega que nos ayude a realizar una tarea, queda en evidencia nuestro desconocimiento o incapacidad para resolverla en forma autónoma. La admisión de la necesidad de ayuda del otro que supone todo pedido, puede generar una emocionalidad por la cual muchas personas prefieran no realizar la petición, a los efectos de no quedar expuestas.

> El poder del pedido reside en que es la vía de acceso a un posible compromiso, a través del cual conseguiremos algo o generaremos una nueva realidad en pos de nuestros objetivos.

Hay personas que piensan que si alguien accede a su pedido, después puede ejercer algún poder sobre ellas. Es así que escuchamos frases como *"yo no le pido, ya que no me gusta deberle nada a nadie"*. Por este imaginario de que el pedido genera una deuda personal y que luego el otro puede abusar de este supuesto poder, se abstiene de realizar las peticiones que necesita.

Otra causa que conduce a no efectuar la petición es el temor a que se deniegue el pedido. En este caso la dificultad en el pedir surge de la forma en que se escucha la respuesta del interlocutor, ya que se interpreta la negación al pedido como un rechazo hacia la persona. Fundamentalmente en individuos con baja autoestima este temor al rechazo puede llevar a que se evite realizar el pedido.

Hay muchas conversaciones internas, diálogos con nosotros mismos llenos de juicios limitantes que bloquean el pedir: *"seguro que no tiene tiempo"*, *"debe tener otras cosas más importantes"*, *"no quiero molestarlo con mis problemas"*, *"seguro que me va a decir que no"*, *"no quiero deberle ningún favor"*, *"él se debería dar cuenta de lo que me hace falta"*. Lo importante es tomar conciencia de que si nos quedamos en estas conversaciones de imposibilidad, nuestro mundo se empobrece y nos perdemos la oportunidad de coordinar acciones que generen nuevas realidades. En estos casos nos podrá suceder como *"Natalio Ruiz, el hombrecito del sombrero gris"* de la canción de Sui Géneris, que murió sin *"nunca atreverse a pedirle la mano, por miedo a esa tía con cara de arpía"*.

Muchas veces por este temor a quedar expuestos o a sentir rechazo, se realizan *"pedidos solapados"*. Es decir, se efectúan comentarios con la intención de que el otro los escuche como pedidos. Por ejemplo, *"que lindo sería que"*, *"como me gustaría tener un"*, *"está haciendo falta que "*. Estos *"pedidos solapados"* generalmente devienen en problemas de comunicación y en resentimientos. Nos enojamos con la otra persona porque no hizo aquello que necesitamos, pero que nunca pedimos. Todo pedido bien formulado debe establecer las acciones que deben ser realizadas y las condiciones en las cuales las mismas satisfacen nuestro requerimiento.

Es importante tener claro que poseemos el derecho y la libertad para pedir y el otro también tiene todo el derecho y la libertad para aceptar o denegar nuestro pedido, como a su vez también podemos optar por cualquiera de estas alternativas cuando nos efectúan una petición.

Caso 6: Francisco

Ejercicio realizado en el marco del proceso de formación en "Coaching Organizacional" en DPO Consulting

Consigna: "¿Reflexione acerca de cómo es su competencia para pedir?".

En líneas generales, considero que soy una persona a la que le cuesta realizar pedidos y a su vez me cuesta denegar los pedidos que me realizan.

He pensado en qué áreas se manifiesta esta dificultad y cuáles son los juicios que sustentan estas situaciones. Si bien los juicios han sido variados y pueden cambiar en mi ocasional dificultad de pedir, hay un juicio que subyace y es común que es el de no generar una molestia en el otro con mi pedido.

Esto sería como el imaginario de que solicitar ayuda o formular un pedido, pone al otro en una situación incómoda. También pude percibir algo del temor al "no" del otro. Estimo que es por la posibilidad de sentirme rechazado.

Supongo que he pensado el pedir como una posible molestia y la negación como la confirmación de que en realidad lo era.

Luego de haber trabajado con esta mirada de lo que es pedir en relaciones interpersonales eficaces, el sentido profundo de lo que significa pedir cobró otro significado personal.

Los ofrecimientos

"Si alguien te ofrece su ayuda
y tú la aceptas, eso es un contrato".
Diana Cooper

Los ofrecimientos llevan en forma implícita la promesa de realizar la acción que se está ofreciendo. Al igual que con las peticiones, los ofrecimientos también pueden ser rehusados y si esto sucede, no se ha concertado el compromiso. Sin embargo, si son aceptados, automáticamente queda acordado el compromiso y la obligación de su cumplimiento.

El poder de nuestros ofrecimientos radica en que sólo a través de ellos podemos mostrarnos como una posibilidad para el otro.

Hacemos ofrecimientos en diversos ámbitos y en distintos dominios. No es lo mismo ofrecerle la ayuda a un amigo, que ofrecer la venta de un producto, la prestación de un servicio profesional u ofrecerle compartir una cena a una persona que es de nuestro agrado. Cada situación moviliza una emocionalidad diferente y puede suceder que alguien que sea muy competente en un dominio, no lo sea en otro. Por ejemplo, alguien que sea un excelente vendedor y ofrezca sus productos o servicios con gran pericia y poder de persuasión, tenga a su vez una incompetencia en realizar ofrecimientos efectivos en el ámbito personal.

Al igual que con los pedidos, hay ofrecimientos que nos involucran a nivel personal y nos pueden hacer sentir expuestos. Si vinculamos la no aceptación del ofrecimiento con el rechazo a nuestra persona, podemos escoger no realizar el ofrecimiento. En estos casos, por evitar la frustración optamos por quedarnos en la impotencia. Esta actitud de seudo autoprotección nos lleva a permanecer en el aislamiento, a perder la oportunidad de enriquecernos mutuamente y de brindar nuestros servicios a los demás. El poder de nuestros ofrecimientos radica en que sólo a través de ellos podemos mostrarnos como una posibilidad para el otro.

El éxito de una empresa depende de su capacidad de ofrecer valor a sus clientes. El éxito de un profesional depende de su capacidad de ofrecer un trabajo de excelencia en su ámbito laboral. Para esto es muy importante saber escuchar las necesidades, expectativas y preocupaciones del otro, a los efectos de poder realizar el ofrecimiento pertinente de forma atractiva y en el momento oportuno.

Los "seudo compromisos"

> "Todo vivir humano ocurre en conversaciones
> y es en ese espacio donde se crea
> la realidad en que vivimos".
> **Humberto Maturana**

Tanto cuando recibimos un pedido o un ofrecimiento es importante tener claro que no tenemos ninguna obligación de aceptar, sino que poseemos toda la libertad de decir "no", como así también podemos evaluar y posponer la respuesta o realizar una contraoferta. Aun cuando el que realice la petición sea alguien que posea un nivel jerárquico, razón por la cual no podamos denegarle el pedido, es importante que si consideramos que no estamos en condiciones de efectuar lo solicitado de la forma o en el plazo establecido, lo explicitemos con claridad.

Una de las causas de la inefectividad colectiva son los *"seudo compromisos"*. Muchas veces ante un pedido, para evitar hacernos cargo de la incomodidad de decir que "no", realizamos una contestación que la otra persona puede escuchar como un compromiso, pero que en realidad no lo es. Por ejemplo, cuando alguien nos pide que realicemos la entrega de un trabajo en un plazo determinado que consideramos de difícil cumplimiento, en vez de expresarlo con claridad y renegociar la fecha de entrega, decimos *"dejame ver qué puedo hacer"*, *"voy a hacer todo lo posible"*, *"voy a realizar mi mejor esfuerzo"* o *"voy a tratar de hacerlo"*. Con estas frases eludimos nuestra responsabilidad de contestar asertivamente al pedido. Ni nos comprometemos ni lo denegamos, pero de forma tal que la persona que realizó la petición escucha de parte nuestra una promesa de realización y en función de esto asume a su vez otros compromisos. Estos *seudo compromisos* generalmente generan inefectividad y deterioro en los vínculos.

Caso 7: Viviana

Ejercicio realizado en el marco del proceso de formación en "Coaching Organizacional" en DPO Consulting

Consigna: "¿Reflexione acerca de cómo es su competencia para ofrecer?".

Ofrecer es algo que no me ha presentado dificultad en mi historia de vida, salvo en los vínculos más cercanos e íntimos, y también con personas a quienes admiro en el ámbito laboral.
Siempre me he mantenido muy dispuesta a ofrecer en todos los ámbitos de mi vida, pero hilando fino, hay situaciones en las que me ha costado ofrecer cuestiones u acciones que podrían haber abierto nuevos caminos y oportunidades.
El juicio subyacente que primero pienso es que no quiero "avasallar" al otro. Si el otro me necesita lo va a pedir con

claridad. Sin embargo, pensar detenidamente en esto me permite descubrir las paradojas en que caemos, y que a veces nos llevan a acciones contradictorias de las que no somos conscientes o no comprendemos.

Porque... si en lo personal me ha costado pedir, ¿qué me hace pensar que los otros sí pueden hacerlo con claridad?

En más de una ocasión he pensado en ofrecer algo que yo creía que tenía sentido y podía abrir posibilidades, pero el hecho de no pasar por alto la libertad del otro a pedir, me ha frenado.

También en este proceso he comprendido que lo que yo considero un ofrecimiento, tal vez el otro desde su mapa mental ni siquiera lo había tenido como opción (algo que me ha sucedido a la inversa) y por lo tanto puedo suponer que esa inacción de mi parte me hizo perder la oportunidad de generar una nueva realidad.

El haber comprendido el ofrecimiento como "mostrarme como oportunidad frente al otro" ha cambiado afortunadamente mi punto de vista.

Las condiciones de satisfacción

"Todo está listo pero si faltas tú, no habrá milagro".
Joan Manuel Serrat

Cuando concertamos un compromiso es fundamental que nos pongamos de acuerdo en las especificaciones y en las condiciones que ambas partes consideran adecuadas y pertinentes para llevarlo a cabo. Para esto es necesario cotejar las expectativas a satisfacer y los estándares a través de los cuales evaluaremos el cumplimiento de las acciones comprometidas.

En el momento de acordar el compromiso los interlocutores construyen una imagen del futuro basada en el acuerdo. En el momento de valorar el cumplimiento, ambos verifican la similitud de esa imagen con la realidad presente. Las características y atributos de esa imagen son las que establecen los parámetros de evaluación del compromiso. Las especificaciones por las cuales, quien realiza el pedido va a evaluar la acción realizada, las denominamos *"condiciones de satisfacción"*.

Uno de los factores que ocasionan malos entendidos y falta de efectividad en la coordinación de acciones, es el referido a la deficiente especificación de las condiciones de satisfacción. Esto genera que las personas involucradas tengan distintas expectativas con respecto al resultado a obtener. Muchas veces requerimos algo *"en forma urgente"*, *"con excelencia"*, *"con calidad"*, *"de manera sencilla"*, *"sin mayores detalles"* y damos por sentado que el otro interpreta lo mismo que nosotros por estas enunciaciones. Las mismas no describen algo tangible, ni dan cuenta de los estándares con los que vamos a evaluar la acción realizada. Si tomamos conciencia de esto, debemos asumir la responsabilidad de explicitar las características requeridas y aclarar de manera específica las condiciones que satisfacen nuestro pedido.

Esta responsabilidad también abarca a quien acepta el pedido y efectúa la promesa de realización, ya que cuando asumimos un compromiso le estamos diciendo a la otra persona –en forma implícita o explícita– que somos capaces de cumplir sus condiciones de satisfacción. Por lo tanto, quien acepta el pedido debe entender las condiciones requeridas y, en caso contrario, debe solicitar las aclaraciones correspondientes.

Es importante que cuando se formulen estas condiciones, se realice la descripción de las mismas con *Afirmaciones* que suministren la información necesaria y detallada, de forma tal que el que está comprometido a realizar la acción sepa específicamente a qué atenerse. Es así que cuando requerimos el presupuesto *"en forma urgente"* debemos aclarar que nos referimos al *"día jueves a las once horas"*, y si lo queremos *"sin mayores detalles"* debemos precisar que *"las especificaciones de la obra deben entregarse en un anexo aparte"*.

> Debemos asumir la responsabilidad de explicitar las características requeridas y aclarar de manera específica las condiciones que satisfacen nuestro pedido.

En ocasiones, el no cumplimiento de una condición afecta parcialmente la satisfacción del compromiso, pero también puede suceder que la no observancia de una condición signifique que se considere no efectuado el compromiso. Por ejemplo, si el encargado de la elaboración del presupuesto no coloca las especificaciones en un anexo, puede perjudicar la calidad de la presentación y dificultar su lectura, pero si la apertura de la licitación es el jueves a las once horas y llega una hora tarde, no se cumplió el compromiso y se habrá malogrado el trabajo realizado por todo el equipo.

El ciclo de coordinación de acciones

*"La gestión no consiste en mover cosas y gente,
sino en manejar redes de compromisos.
Las organizaciones fracasan cuando
no hacen esto de manera adecuada"*
Fernando Flores

El ciclo de coordinación de acciones comprende dos procesos: el de *"acordar el compromiso"* y el de *"cumplir el com-*

promiso". El primer proceso se completa con la *declaración de aceptación* del pedido o el ofrecimiento. En el segundo, el cumplimiento del compromiso se consuma cuando el que ha recibido la promesa **declara cumplidas las condiciones de satisfacción,** poniendo de esta forma el broche de cierre a la coordinación de acciones.

Ciclo de coordinación de acciones
Iniciado con un pedido

Etapas de la coordinación de acciones[16]

Este gráfico esquematiza el ciclo completo de la coordinación de acciones. Habíamos mencionado que la coordinación se podía iniciar con un pedido o con un ofrecimiento y que la diferencia esencial entre uno y otro caso radicaba en quién quedaba

---

16 Adaptado de Flores, Fernando, *Creando organizaciones para el futuro,* Dolmen / Granica, 1994

comprometido a realizar las acciones para el cumplimiento del compromiso. En el caso que se inicie con un pedido, la ejecución de la acción queda a cargo de quien lo acepta y promete su cumplimiento. En el caso de que se inicie con un ofrecimiento, la acción queda a cargo de aquel a quien le han aceptado el ofrecimiento realizado. Para explicar el desarrollo del ciclo tomaremos el caso del inicio con un pedido.

El primer proceso, de *"acordar el compromiso",* corresponde a la mitad superior del círculo. El segundo proceso, de *"realizar el compromiso",* corresponde a su mitad inferior. A su vez, la mitad izquierda incumbe a acciones realizadas por el "cliente" o a quien formula el pedido y la mitad derecha atañe a acciones efectuadas por el "realizador", es decir, por quien acepta el pedido y cumple el compromiso. En la etapa de negociación ambos interactúan en forma activa.

El ciclo se inicia en el cuadrante izquierdo superior con la etapa de **preparación** y continúa en el cuadrante superior derecho con la etapa de **negociación** de las condiciones de satisfacción. Este primer proceso concluye cuando el "realizador" efectúa una **declaración de aceptación** del pedido y la consecuente promesa de la ejecución de la acción acordada. En el caso de que el pedido sea declinado, no se establece compromiso y, por lo tanto, ahí finaliza la coordinación de acciones.

Si se acuerda el compromiso, el ciclo continúa en el cuadrante inferior derecho con la etapa de **realización.** Cuando el "realizador" considera que ha finalizado la ejecución de la acción a la que se ha comprometido, realiza una **declaración de cumplimiento.** Continúa en el cuadrante inferior izquierdo, con la etapa de **evaluación** de la ejecución. Este proceso concluye cuando el cliente o receptor de la promesa, evalúa lo obtenido en relación con las condiciones de satisfacción establecidas y realiza una **declaración de satisfacción,** con la que finaliza el ciclo de coordinación de acciones. En caso de que no esté conforme con el cumplimiento del compromiso, puede efectuar un *reclamo.*

En el centro del círculo está destacada la **confianza** como el elemento esencial que incide en todo el proceso de la coordinación de acciones.

Ciclo de coordinación de acciones
Iniciado con un ofrecimiento

PEDIDO

1 Preparación

2 Negociación

Confianza

Declaración de aceptación

Declaración de satisfacción

Realización **3**

Evaluación **4**

Coordinación iniciada con un ofrecimiento

Analicemos con mayor profundidad cada uno de los cuadrantes del ciclo, cuando es iniciado con un pedido.

Caso 8: Susana

Ejercicio realizado en el marco del proceso de formación en "Coaching Organizacional" en DPO Consulting

Consigna: Piense en una persona con la que tenga dificultades para efectuar un ofrecimiento:

Observe cómo es la relación con esa persona y piense cuáles son los juicios que le impiden hacer ofrecimientos.

Diseñe una conversación con esa persona en la que le haga un ofrecimiento.

Realice la acción y evalúe los resultados.

Escriba un reporte sobre la experiencia.

Buscando entre los ofrecimientos pendientes, elijo uno del ámbito laboral.

Es una persona con la que me formé oportunamente, una colega que ha mostrado cierta afinidad conmigo, algo que me sucede también con ella.

La respeto mucho y la considero una persona altamente formada, apasionada por lo que hace y muy capaz.

He tenido ganas de presentarle una propuesta y se me dificultaba, así que decidí planificar una conversación a partir de esta práctica y estos fueron los resultados:

Me contacté, le pedí cierto asesoramiento acerca de un material (que en verdad necesitaba) y le pedí tener una conversación, a lo que me respondió que ella también necesitaba conversar conmigo un asunto.

Cuando logré ofrecerle mi idea, la respuesta de ella fue que tenía pensado pedirme algo similar para un proyecto que estaba iniciando, por lo cual había pensado en mí como una de las personas posibles.

Nuevamente una conversación me permitió vivenciar, en una irremplazable experiencia subjetiva, el poder generador de realidades que antes de esa conversación no existían.

Me pregunté entonces, ¿por qué no había tenido esta conversación antes? La respuesta fue: el temor a invadir a la otra persona y también al rechazo.

La libertad de ofrecer, admitiendo que el otro puede aceptar, denegar o replantear, abre un estado emocional en mí que contextúa en forma totalmente diferente mis acciones presentes y futuras.

La gestión de la preparación

> "El logro es, ante todo, el producto
> de la constante elevación de nuestras
> aspiraciones y expectativas".
> **Jack Nicklaus**

La etapa de **preparación** se refiere a la conversación previa a la realización del pedido y tiene por objetivo crear el contexto para que el que escuche la petición pueda entender correctamente el sentido y alcance del mismo, y acceda a su aceptación. Esta etapa cobra importancia en la efectividad global del proceso, ya que si quien recibe el pedido no interpreta en forma apropiada el significado del mismo, o no puede relacionar la solicitud con sus propias preocupaciones e intereses, es factible que decida denegar la petición. La competencia para preparar el contexto y articular el pedido en función de los intereses compartidos, amplía la posibilidad de aceptación de lo solicitado. Esta etapa culmina con la formulación del pedido.

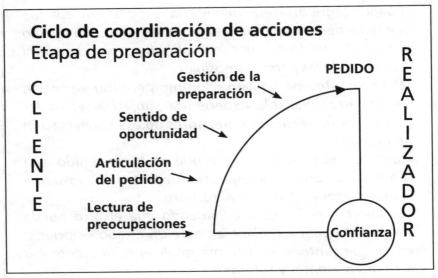

Gestión de la preparación

Decíamos que todo pedido es una acción que implica hacerse cargo de algo que uno quiere y no tiene y, por lo tanto, pedir supone reconocer que se necesita obtener algo con la ayuda o colaboración del otro. El primer paso es establecer con claridad cuál es el problema a resolver, o qué es lo que se desea conseguir. Presupone determinar qué es específicamente lo que se quiere pedir.

> La competencia para preparar el contexto y articular el pedido en función de los intereses compartidos, amplía la posibilidad de aceptación de lo solicitado.

Muchas veces acudimos a alguien a contarle nuestro problema, a comentarle nuestras necesidades o a comunicarle lo que deseamos lograr, pero, o bien no formulamos nuestro pedido o lo hacemos de una manera sumamente difusa. Esta actitud lleva implícita la visión de que los demás se tienen que hacer cargo de nuestros problemas, o tienen que poder interpretar qué es lo que necesitamos que realicen por nosotros sin necesidad de pedírselo. Es más, mucha gente se ofende si el interlocutor no interpreta su comentario como un pedido. Estas conductas generalmente conducen a la inefectividad en nuestras interacciones.

Por ejemplo, Ignacio le puede decir al jefe: *"mañana comienza la inscripción y voy a estar totalmente sobrepasado de trabajo por la cantidad de gente que va a acudir"*. Si a partir de esta observación no formula su pedido, el jefe podrá decir: *"sí, seguramente va a venir mucha gente"* o cualquier otro comentario, pero no disponer ninguna acción específica. También puede proponer alguna línea de acción que no tenga nada que ver con lo que Ignacio necesita. Así por ejemplo podrá expresar: *"tiene razón, voy a decirle al jefe de mantenimiento que coloque más sillas para que puedan esperar cómodamente".*

Este tipo de "interacción inefectiva" implica desconocer que es a través de nuestras conversaciones como accionamos y transformamos la realidad, y que son los pedidos los que nos posibilitan ampliar nuestra capacidad de acción y lograr nuestros objetivos. Es así que, después de generar el contexto adecuado a través del comentario del inicio de la inscripción, Ignacio deberá efectuar su petición: *"quiero solicitarle que disponga que alguna persona me ayude en la atención al público durante los próximos tres días".*

Otro caso de interacción inefectiva es que la persona formalice la petición, pero sin haber realizado el comentario anterior, es decir, sin haber creado el contexto adecuado para formular el pedido. En este caso el interlocutor no podrá evaluar correctamente la importancia y pertinencia del mismo.

Un aspecto a tener en cuenta para la creación de contexto es la **lectura de preocupaciones.** Las propias y las de nuestro interlocutor, que es a quien le haremos el pedido. Recordemos que utilizamos el concepto de "preocupación" en el sentido de aquello de lo que nos hacemos cargo cuando actuamos. En este sentido podemos decir que la acción de realizar un pedido se lleva a cabo para atender una preocupación, en relación con nuestros objetivos y necesidades.

Podemos suponer que la preocupación que motiva a Ignacio a formular el pedido está relacionada con su sobrecarga de trabajo y con el objetivo de mejorar la atención al público. Si Ignacio reflexiona acerca de las preocupaciones de su jefe con respecto al tema de atención al público, podrá enfocar el pedido en ese sentido y seguramente será mucho más efectivo en cuanto a lograr el compromiso del jefe.

Por ejemplo, una posible creación de contexto puede ser: *"va a venir mucha gente y por lo tanto voy a tener mucho trabajo",* otra distinta sería: *"va a venir mucha gente y por lo tanto tene-*

mos que garantizar brindarle una atención adecuada y que tengan que esperar lo menos posible". En el primer caso es factible interpretar la preocupación de Ignacio como "no quiero tener tanto trabajo", en el segundo planteo se podría interpretar "quiero ser más efectivo en mi tarea y atender mejor a la gente". En los dos casos el pedido es el mismo *("solicitarle que disponga que alguna persona me ayude en la atención al público durante los próximos tres días")*, pero **al cambiar la creación de contexto varía la interpretación del pedido.** Seguramente la segunda interpretación predispondrá mejor al jefe a acceder a la petición.

Otro elemento a tener en cuenta en la etapa de preparación es el **sentido de oportunidad.** Esto es, considerar y evaluar en forma acertada la elección del lugar adecuado y el momento oportuno para formular la petición.

La gestión de las diferencias

> "El zapato que va bien a una persona
> es estrecho para otra:
> no hay receta de la vida
> que vaya bien para todos".
> **Carl Jung**

La **etapa de la negociación** se inicia con la formulación del pedido. La misma posee central importancia ya que en ella se negocian y establecen las *"condiciones de satisfacción"*.

Quien recibe una petición siempre tiene cuatro opciones a su disposición: *declinar, posponer, contraofertar o aceptar.* Analizaremos cada una de ellas desde ambos lados, desde quien recibe el pedido y desde quien lo efectúa.

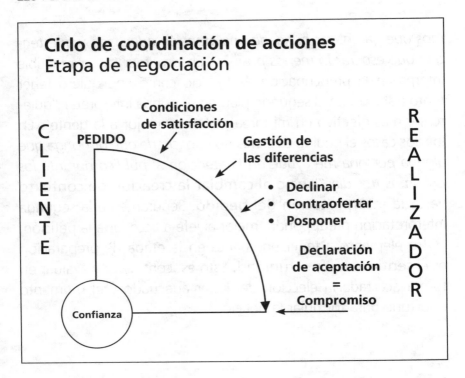

Gestión de las diferencias

Una posibilidad es decir "no", **declinar** la petición. Es importante cuando declinamos un pedido, ser claros en nuestra respuesta y en la medida de lo posible explicar el motivo o fundamento de la misma. Esto permite que quien realice la petición, a pesar de no haber conseguido su objetivo, se sienta considerado como persona y no se deteriore la relación. Quien pide, siempre sabe que puede obtener un "no" como respuesta; si no existiera esta opción no sería un pedido sino una imposición.

Recibir la explicación de por qué se está denegando el pedido, le permite al que lo efectuó evaluar la alternativa de reformular la petición o contraofertar una nueva posibilidad. Por ejemplo, si alguien deniega el pedido de realizar una tarea con el fundamento de que está muy sobrecargado de trabajo, la otra persona podrá ofrecer ayudarle con su tarea con tal de que luego pueda ejecutar el trabajo encomendado. En este caso se abre una nueva instancia de negociación.

Otra opción es **posponer** la respuesta al pedido. Esta variante se da cuando el interlocutor no posee en ese momento los elementos suficientes como para tomar una decisión, o cuando necesita tiempo para evaluar la petición. En ese caso las respuestas posibles son: *"te contesto"*, *"lo evalúo"*, *"lo pienso"*.

Cuando alguien pospone una decisión con respecto a un pedido, asume el compromiso implícito de contestar asertivamente en un lapso determinado. Quien recibe esta contestación puede pedir precisión en cuanto al tiempo en que la otra persona se compromete a dar respuesta a su petición. Cuando alguien declina o pospone un pedido, queda interrumpido definitiva o momentáneamente el ciclo de coordinación de acciones.

La opción para no cerrar la posibilidad de acordar un compromiso es realizar una **contraoferta** o contrapropuesta, e iniciar un proceso de negociación. Esta contraoferta puede estar referida a producir cambios en las condiciones de satisfacción, a plantear una contraprestación o a formular alguna condición necesaria para poder realizar el pedido recibido.

En los casos en los que se abre un proceso de negociación es importante tener en cuenta la distinción entre "interés" y "posición". El "interés" es aquello que se necesita resolver o satisfacer a través del pedido, aquello que da cuenta de la preocupación subyacente. La "posición" es el emergente de la preocupación, aquello con lo que la persona considera que va a satisfacer su interés y, por lo tanto, es lo que efectivamente pide.

Al tener clara esta distinción, cuando recibimos un pedido que en principio consideramos denegar, tenemos la posibilidad de indagar a nuestro interlocutor acerca de los motivos que lo llevan a realizar el pedido. En este caso preguntamos para entender cuál es la preocupación o la necesidad de la que se está haciendo cargo la persona, es decir, cuál es el "interés" que desea satisfacer a través de la "posición" que adopta con el pedido. En función de esta información, si nos parece legítimo y posible, podemos considerar otras opciones que pudieran llegar a satisfacer el mutuo interés.

Pensemos en la situación en que una empresa presenta un presupuesto por la prestación de un servicio y el cliente le pide un descuento. La empresa no está dispuesta a realizar el descuento porque su precio es muy competitivo con respecto al mercado y tiene un escaso margen de ganancia. Pero antes de denegar el pedido el representante de la empresa le pregunta al cliente acerca de los motivos por los cuales realiza la petición. Es así que se entera que el cliente está efectuando una importante inversión y no tiene la posibilidad financiera de afrontar todo el gasto en forma simultánea. A su vez, el representante de la empresa le expresa su interés en prestarle el servicio, pero su imposibilidad de aceptar la rebaja solicitada. Comienzan entre ambos un proceso de negociación donde en forma conjunta analizan distintas opciones que puedan satisfacer el interés de ambas partes. Por fin acuerdan realizar el servicio en dos etapas y darle facilidades de pago al cliente. De esta manera se realiza el compromiso con nuevas *condiciones de satisfacción* y con beneficio para ambos.

Cuando esta etapa culmina con la **declaración de aceptación** del pedido y el establecimiento del compromiso, continúa el ciclo de coordinación de acciones.

Caso 9: Javier

Ejercicio realizado en el marco del proceso de formación en "Coaching Organizacional" en DPO Consulting

Consigna: Piense en una persona con la que tenga dificultades para efectuar un pedido:

Observe cómo es la relación con esa persona y piense cuáles son los juicios que le impiden hacer ofrecimientos.

Diseñe una conversación con esa persona en la que le haga un ofrecimiento.

Realice la acción y evalúe los resultados.

Escriba un reporte sobre la experiencia.

Él es mi jefe y me considera una persona muy capaz y en algunas cosas considero que "sobrestima" mis capacidades para generar cosas que nunca hice previamente, o que si bien las hice, no con esos niveles de dificultad. Entonces muchas veces me pasa que tengo que realizar cuestiones que, dada la complejidad que implica, se me dificulta. Lo cual en realidad es una gran experiencia de aprendizaje para mí, pero cuando estas acciones tienen límites de tiempo muy acotados este proceso de "hacerlo yo misma todo" se complica.

El juicio que me impide pedirle ayuda a mi jefe es que él piense que estaba errado al delegarme tanto trabajo o que me considere ineficaz, o piense que sobrestimó mis capacidades para delegarme tantas responsabilidades.

La conversación la realicé la semana pasada con mi jefe, para un trabajo que, de otra manera, a mí sola me era completamente imposible terminarlo a tiempo. Los resultados fueron excelentes ya que pude con su ayuda terminar el trabajo a tiempo.

Cuando uno revisa cuáles son los juicios que le impiden hacer las cosas que desea o necesita hacer y pone a prueba esos juicios limitantes, las consecuencias de hacerlo son increíbles. El horizonte de posibilidades y alternativas de acción que se vuelven posibles cuando uno lo hace son sorprendentes.

La gestión de las contingencias

> "Es inmensamente conmovedor que un hombre
> tenga conciencia de ser responsable
> por las consecuencias de su conducta y
> realmente sienta esa responsabilidad
> con el corazón y el alma".
> **Max Weber**

Muchas veces las acciones que debemos desarrollar para poder dar cumplimiento al compromiso asumido, generan el encadenamiento de sucesivos compromisos, es decir, inician otros ciclos de coordinación de acciones que aumentan la complejidad del ciclo.

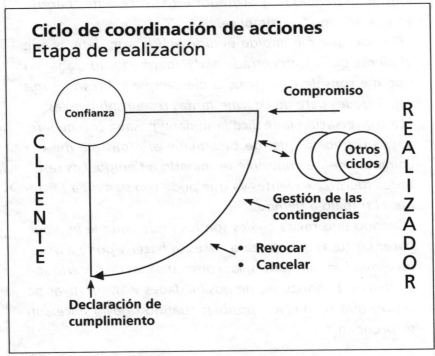

Gestión de las contingencias

En la **etapa de realización** del compromiso pueden surgir hechos imprevistos que imposibiliten el efectivo cumplimiento de la promesa, o que dificulten su ejecución de acuerdo a las condiciones de satisfacción establecidas. Esto puede suceder por cambios en el contexto, por errores de cálculo (por ejemplo en el tiempo), por dificultades o incumplimientos de proveedores, o por alguna otra situación de índole personal o laboral.

Cualquiera de estas circunstancias supone que debamos *"gestionar las contingencias"*, a los efectos de poder cumplimentar en tiempo y forma el compromiso asumido. En caso de que esto no sea factible, hay dos acciones que se pueden realizar: *cancelar o revocar.*

Cancelar el compromiso puede implicar hacerse cargo de resarcir a la contraparte por las dificultades o inconvenientes que le pudieran ocasionar dicha cancelación. **Revocar** el compromiso implica declarar la imposibilidad de su cumplimiento en las condiciones establecidas y abrir una nueva conversación con la persona a quien prometimos, para reexaminar el interés original y considerar otras opciones para poder satisfacerlo. Esto conlleva una nueva negociación para convenir otras condiciones de satisfacción o una diferente vía de acción. Obviamente la otra parte puede no aceptar las nuevas condiciones que supone la revocación y dar por cancelado el compromiso.

Es importante señalar que en el caso de realizar cualquiera de estas dos acciones, el factor tiempo juega un papel fundamental. Quien recibe una promesa espera su realización en un plazo determinado, por lo que es muy probable que mayor sea el perjuicio ocasionado en la medida que menor sea el tiempo de aviso con respecto a la fecha de cumplimiento. Cualquier alteración del compromiso establecido demanda avisar lo antes posible, ofrecer una disculpa y estar dispuesto a subsanar el eventual daño ocasionado.

Cuando se concluye la ejecución del compromiso, se debe notificar fehacientemente a través de una **declaración de cumplimiento.**

La gestión del aprendizaje mutuo

> "La capacidad para aprender
> más rápidamente que los competidores,
> es probablemente la única ventaja sostenible".
> **Arie de Geus**

Sostuvimos que en el momento en que se establece un compromiso, ambos involucrados construyen una imagen del futuro basada en el acuerdo, y que en el momento del cumplimiento verifican la certeza de esa imagen, es decir, evalúan el nivel de satisfacción entre el resultado esperado y el obtenido. Los problemas ocurren cuando las personas tienen distintas expectativas o cuando no se cumple el compromiso de acuerdo a lo establecido.

Gestión del aprendizaje mutuo

Las expectativas están en relación directa con las condiciones de satisfacción. Es fundamental para ambas partes establecer con claridad y precisión estas condiciones, ya que constituyen el parámetro desde el cual se evaluará la acción realizada.

Siempre existe la posibilidad de que surja una diferencia entre lo que uno suponía que debía cumplir y lo que el otro imaginaba que correspondía recibir. En estos casos, cuando ambas partes obran de buena fe y con integridad, y fundamentalmente si este vínculo implica una continuidad en la coordinación de acciones, es importante abrir una conversación acerca de las implicancias y características que significan para cada uno, las condiciones acerca de las cuales surgió el desacuerdo. Estas circunstancias pueden constituirse en excelentes instancias de mutuo aprendizaje.

Cuando el receptor de la promesa considera que hubo un incumplimiento del compromiso o de las condiciones de satisfacción, la acción a realizar es el **reclamo**, que puede generar un nuevo compromiso y un nuevo ciclo de coordinación de acciones. Si la evaluación es favorable, concluye el ciclo con una **declaración de satisfacción** por parte de quien realizó el pedido.

Decálogo de lo que NO HAY QUE HACER en la coordinación de acciones

1) Expresar un deseo, plantear un problema o comentar una dificultad, pero no efectuar el pedido correspondiente.

2) Realizar el pedido en forma difusa y poco clara.

3) Recibir un pedido y contestar con un *seudo compromiso*.

4) No declinar un pedido aun sabiendo que su cumplimiento es de imposible realización.

5) No establecer debidamente las condiciones de satisfacción.

6) No acordar el compromiso por negociar en forma inefectiva la contraoferta.

7) No cancelar el compromiso en tiempo y forma, cuando la promesa se torna incumplible.

8) No revocar debidamente el compromiso y renegociar un nuevo acuerdo, ante cambios imprevistos de circunstancias.

9) No cumplir el compromiso de acuerdo a las condiciones de satisfacción.

10) Cumplir el compromiso pero no notificarlo fehaciente.

Capítulo 7

Claves para una comunicación efectiva

> "Todo lo que vívidamente imaginemos,
> ardientemente deseemos,
> sinceramente creamos
> y con entusiasmo emprendamos...
> Inevitablemente sucederá".
> **Paul Meyer**

A modo de síntesis y de conclusión de todo lo que hemos desarrollado a lo largo del libro, quiero concluir este último capítulo planteando quince "Claves para una comunicación efectiva":

1. Nuestras conversaciones construyen nuestro mundo.

2. La comunicación es mucho más que hablar y escuchar.

3. Recuerde que toda percepción es una construcción.

4. Hágase cargo de sus opiniones.

5. Escuche con el corazón.

6. Sea asertivo en sus pedidos y ofrecimientos.

7. Recuerde que el cuerpo también habla.

8. Genere vínculos de mutua confianza.

9. Tenga presente que las preguntas son tan importantes como las respuestas.

10. Establezca sintonía en sus conversaciones.

11. Contagie emociones positivas y presérvese de las negativas.

12. Tenga una actitud constructiva en sus conversaciones.

13. Sea consciente de que todo vínculo es un "sistema".

14. Sea impecable en el cumplimiento de sus compromisos.

15. Cuando sea necesario, establezca "metacomunicación".

1. Nuestras conversaciones construyen nuestro mundo

Nuestra realidad del presente es en gran parte el resultado de nuestras acciones del pasado. Somos constructores cotidianos de nuestra vida. La persona que somos, lo que construimos, lo que conseguimos y también lo que no logramos, es reflejo de las acciones que hicimos y las que dejamos de hacer.

Sin duda, a lo largo de nuestra vida hubo muchos acontecimientos, sucesos y circunstancias que no dependieron de nosotros, que no elegimos ni buscamos pero nos sucedieron. Pero aun ante esos hechos inesperados y muchas veces trágicos, siempre nos enfrentamos a la pregunta ¿Qué hago yo con esto? Y de acuerdo a cómo nos contestamos esta pregunta en cada encrucijada de nuestra vida y cómo actuamos en consecuencia, nos fuimos constituyendo en el ser que somos hoy. No somos responsables de todo lo que nos pasó, pero sí somos responsables de la actitud y del compromiso que asumimos frente a las diferentes circunstancias.

En tal sentido, podemos reflexionar que una de las acciones fundamentales que construyeron este devenir, fueron nuestras conversaciones. Las que tuvimos y las que dejamos de tener. Porque cuando conversamos sucedieron cosas y cuando callamos sucedieron otras.

Frente a este darnos cuenta de la importancia y gravitación que tienen nuestras conversaciones, ante la comprensión del carácter generativo del lenguaje, surge nuestra responsabilidad frente a nosotros mismos, con la vida que queremos construir y con los sueños que deseamos realizar. Ante esto nos podemos preguntar ¿Qué conversaciones nos están haciendo falta? ¿Qué cosas deberíamos decir que aún no dijimos? ¿A quién tendríamos que poder escuchar?

Son fundamentales las respuestas que nos demos frente a estos interrogantes, ya que son nuestras conversaciones las que expanden o restringen nuestra frontera de posibilidades.

2. La comunicación es mucho más que hablar y escuchar

Ante la trascendencia que adquiere la comunicación interpersonal en nuestra vida, es importante reflexionar que conversar es mucho más que hablar y escuchar, ya que en toda conversación se establece un ida y vuelta incesante de palabras, gestos, acciones y emociones en una permanente circularidad de la interacción e influencia recíproca. Es en las conversaciones donde emerge, como en pocas instancias, la profundidad y complejidad del ser humano y su despliegue en la dinámica relacional.

Es por esto que es tan importante lo que decimos como la forma en que lo expresamos. Es tan trascendente el contenido de lo que enunciamos como la relación que establecemos, ya que es esta "dimensión relacional" de la conversación la que condiciona fuertemente el significado de lo "que se dice" e influye en el vínculo que se establece, en el clima comunicacional que se construye y en la emocionalidad que se genera.

Son todos estos elementos los que componen el "juego interaccional" que se produce en todo vínculo, donde Influimos y somos influenciados en forma permanente por todo lo que decimos y hacemos en el intercambio comunicacional.

3. Recuerde que toda percepción es una construcción

En toda interacción comunicacional tenga siempre presente que todo lo que observa y lo que escucha implica una activa construcción de sentido por parte suya. Que la observación no es neutra sino que introduce un orden en lo que observa y que por lo tanto su percepción es tan dependiente de los hechos y acontecimientos, como de su estructura cognitiva, psicológica y emocional que le permite y a su vez condiciona, la atribución de significado a lo observado.

En el acto de percibir se genera una interpretación de aquello que estamos percibiendo, ya que los seres humanos no percibimos sólo con nuestros sentidos, sino que lo hacemos también con nuestros "modelos mentales" que son los que nos permiten asignarle sentido a lo percibido.

Tenga presente que usted vive en su propio y único modelo del mundo. Y es este modelo el que va a determinar la efectividad de la acción e interacción que realiza. Esto encierra la paradoja de que todo lo que observamos y concebimos es necesariamente la consecuencia de nuestros propios modos y estilos de percepción e interpretación. Es decir, que vemos el mundo que es, de acuerdo a como somos.

4. Hágase cargo de sus opiniones

Ahora que es consciente de que lo que observa y escucha está indefectiblemente teñido por los filtros de su percepción y nunca es la realidad "objetiva", tenga en cuenta que cuando expresa sus opiniones está dando a conocer su particular punto de vista y no está describiendo una realidad tangible.

Recuerde que las opiniones son interpretaciones y no etiquetas descriptivas, y la utilización en forma inconsciente de nuestros juicios valorativos como si fuesen una descripción de la realidad, es una de las principales causas de malos entendidos, confrontaciones y deterioro en nuestras relaciones. Cuando se expresan las interpretaciones como si fuesen verdades absolutas, se obstruye la posibilidad de interactuar con efectividad y respeto mutuo.

Un aspecto a tener en cuenta es que los juicios son "propiedad" de quien los emite y que cuando expresamos *"es lindo"*, en realidad estamos diciendo *"me gusta"* y cuando decimos *"es un tonto"* estamos queriendo decir *"me desagrada"*. La forma correcta de expresar nuestro punto de vista es manifestar nuestras opiniones desde la "primera persona", sin omitir el autor de las mismas. El segundo aspecto a tener en cuenta es que toda opinión conlleva el compromiso de su fundamentación.

5. Escuche con el corazón

Cada vez que invite a alguien a tener una conversación, reflexione acerca de si, además de lo que quiere decirle, tiene el ánimo y la predisposición de escuchar lo que el otro va a querer expresarle.

Tenga en cuenta que en toda conversación se produce un intercambio emocional y uno de los motivos por los que muchas veces se nos dispara una emocionalidad disfuncional es porque no nos sentimos escuchados.

Escuchar es mucho más que oír. En la escucha se pone en funcionamiento un profundo y complejo proceso de construcción y asignación de sentidos acerca de lo que oímos y observamos.

Escuchar en forma efectiva implica no sólo entrenar y desarrollar esta competencia, sino también adoptar una disposición de aceptación y apertura hacia el otro. Aceptar formas de ser, de pensar y de opinar diferentes a la nuestra, implica estar dispuesto a abrir nuestra mente y nuestro corazón.

6. Sea asertivo en sus pedidos y ofrecimientos

La asertividad es la característica del decir claro y preciso, sin vueltas, rodeos ni ambigüedades. Las personas asertivas se sienten con la libertad de expresarse en forma directa y de hacerle entender al otro aquello que quieren transmitir.

Este aspecto de toda comunicación efectiva, se torna esencial cuando se trata de realizar un pedido o un ofrecimiento. Ambas acciones conversacionales las realizamos para coordinar una actividad con otra persona. Realizar un pedido supone hacer explícito que aspiramos a lograr u obtener algo con la ayuda o colaboración de nuestro interlocutor. Efectuar un ofrecimiento implica poder mostrarnos como una posibilidad para el otro.

Muchas veces no realizamos nuestros pedidos u ofrecimientos por el temor de quedar "expuestos" frente a nuestro eventual interlocutor, o porque vinculamos la no aceptación con el rechazo a nuestra persona.

Es fundamental desarrollar la competencia de ser asertivos en la realización de nuestros pedidos y ofrecimientos, como así también cuando debemos denegar algún pedido u ofrecimiento que nos realizan. Saber decir "no" en forma directa y amable es señal de nuestra libertad de espíritu.

7. Recuerde que el cuerpo también habla

Tenga en cuenta que cuando conversamos nos expresamos con nuestros lenguajes verbal y no verbal, y también escuchamos ambos lenguajes de nuestro interlocutor. El lenguaje del cuerpo transmite preponderantemente el estado emocional de las personas y cumple un rol central en la asignación de sentido de lo dicho.

Cuando percibimos alguna "incongruencia" entre lo que se dice mediante el lenguaje verbal y lo que se expresa a través del lenguaje no verbal, automáticamente surge inquietud y desconfianza. Este "doble mensaje" genera confusión y un alerta en quien lo recibe.

Comunicarse en forma congruente implica expresar una coherencia ente lo que se piensa, lo que se siente y lo que se dice. La congruencia interna transmite sinceridad y comunica convicción, y por lo tanto tiende a generar confianza en el interlocutor.

8. Genere vínculos de mutua confianza

La emocionalidad de la confianza es imprescindible para que las relaciones puedan desarrollarse en forma efectiva. Cuando decimos que tenemos confianza en una persona, lo que estamos diciendo es que poseemos un alto nivel de seguridad con respecto a su conducta futura. Confiamos en que es muy probable que haga determinadas cosas y que no haga otras. Si tenemos confianza en un amigo, en nuestra pareja o en un colega, vamos a suponer que van a actuar dentro de lo acordado, que van a mantener su palabra y esto nos da seguridad y tranquilidad.

Cuando confiamos en alguien estamos diciendo en forma implícita que tenemos el juicio de que esa persona va a honrar sus compromisos. A su vez, cuando alguien cumple con un compromiso refuerza nuestro juicio acerca de la confiabilidad que nos merece.

Cuando tenemos confianza en una persona sentimos que no hay nada de qué preocuparnos y esto nos da tranquilidad y le quita incertidumbre al futuro.

9. Tenga presente que las preguntas son tan importantes como las respuestas

Lo invito a que haga la experiencia de poner en su buscador de Internet "curso de comunicación". Encontrará que la búsqueda arroja 2.210.000 resultados. Si por casualidad tiene ganas de analizar las más diversas propuestas que se ofrecen, descubrirá que todas enfocan la comunicación desde el hablar, sólo algunas contemplan el escuchar y prácticamente ninguna incluye el indagar.

Generalmente cuando nos referimos al hablar automáticamente pensamos en expresar una idea, transmitir una información, convencer, proponer, persuadir, pero muy difícilmente relacionemos el hablar con formular preguntas.

Tanto el exponer como el indagar son componentes esenciales y necesarios del hablar, y en la medida en que desarrollemos nuestras competencias en ambas acciones y que sepamos balancear su utilización, mejoraremos notablemente nuestra efectividad en las conversaciones. Tenga en cuenta que saber hacer preguntas sirve tanto para obtener mayor información y mejorar nuestra escucha, como para guiar el proceso de pensamiento de nuestro interlocutor.

10. Establezca sintonía en sus conversaciones

Tenga presente que lo "qué" se dice es tan importante como el "cómo" se dice, ya que el clima y la emocionalidad que se genera en la conversación, determina la predisposición a la escucha y al intercambio de opiniones.

Una de las competencias centrales de cualquier buen comunicador es la de establecer "sintonía" con sus interlocutores. Cuando esto sucede las personas tienen la sensación de estar ligadas por una profunda conexión, por una imperceptible melodía que los guía en una sutil danza de la comunicación.

Este vínculo que se establece en la conversación, de tal modo que se crea un clima de cordialidad, afinidad y armonía, posibilita que aunque los participantes de la misma no estén de acuerdo, sientan que el otro entiende su forma de observar e interpretar las cosas, y respeta su punto de vista.

11. Contagie emociones positivas y presérvese de las negativas

Tenga presente que en las diversas conversaciones que mantiene cotidianamente se produce una mutua influencia emocional. Todos estamos expuestos a la emocionalidad de las personas con las que interactuamos. Nadie es inmune al mutuo "contagio emocional".

Ahora bien, esta influencia puede ser positiva, de manera tal que nos genere buen ánimo, nos infunda alegría, nos llene de energía y aliente nuestra capacidad de acción; o también puede ser una influencia negativa, tóxica, que vampirice nuestra energía y nos llene de mal humor. Podemos transmitir o ser inoculados por "virus anímicos" de alegría, optimismo, entusiasmo, motivación; como también estamos expuestos y muchas veces somos transmisores de desaliento, miedo, preocupación, desconfianza y otras cuantas emocionalidades altamente nocivas.

Este intercambio emocional es algo que en mayor o menor medida sucede en forma constante, pero sólo cuando tomamos conciencia del mismo podemos accionar de forma de no quedarnos "pegados" a emocionalidades tóxicas, ni transmitirlas en forma inconsciente.

12. Tenga una actitud constructiva en sus conversaciones

Si bien sus conocimientos y habilidades comunicativas son de suma importancia, la actitud que asuma frente a sus interlocutores cobra una relevancia fundamental y condiciona fuertemente su efectividad comunicacional.

A partir de una actitud de respeto al otro y de aceptar la legitimidad de las distintas opiniones, se puede concebir la conversación como una instancia de intercambio y aprendizaje mutuo, lo que hace factible integrar los diferentes puntos de vista a los efectos de acrecentar conocimientos y posibilidades de acción.

Decimos que una conversación es constructiva cuando las personas que participan en la misma, a partir de una actitud de mutuo respeto y aceptación, exponen e intercambian sus opiniones explicitando los fundamentos que las respaldan. Dan a conocer la forma en cómo observan la situación y los cursos de acción que consideran más adecuados. Buscan puntos de coincidencia y consenso, aclarando diferencias de apreciación y enfoque en función de lograr la expansión de la capacidad de acción y el aprendizaje individual y grupal.

13. Sea consciente de que todo vínculo es un "sistema"

Pensar a los vínculos como un "sistema" es entender que todo comportamiento, palabra, gesto o posición corporal será interpretado en un determinado sentido, y este significado impactará en la emocionalidad y en el comportamiento del interlocutor, generando así una continua dinámica relacional.

Los participantes del proceso de la interacción comunicacional establecen un vínculo de influencia recíproca. Esto implica comprender que en un intercambio comunicacional se generan sucesivos e ininterrumpidos causas-efectos en una dinámica circular, donde lo que comunicamos produce un efecto en el otro, que a su vez genera una respuesta que se va a constituir en la causa de nuestro comportamiento y así sucesivamente. En la circularidad de la interacción comunicacional se genera un fenómeno de retroalimentación de la conducta del otro.

Al comprender que todo vínculo es un "sistema" y que por lo tanto sus integrantes establecen una relación de interdependencia y mutua influencia, podemos inferir que es posible modificar el tipo de relación que mantenemos con el otro en la medida que cambiemos nuestras propias conductas.

14. Sea impecable en el cumplimiento de sus compromisos

Es importante tener en cuenta que cuando establecemos un acuerdo con otra persona, es como si atáramos un "nudo conversacional" en el cual establecemos qué va a realizar cada uno, de qué forma, en qué plazo y con qué características. Acordar un compromiso es la acción conversacional que realizamos para coordinar una actividad con otra persona, o cuando el propósito es concertar la realización de alguna acción en un tiempo futuro.

Esto implica que cuando alguien promete que va a realizar alguna acción, la otra persona puede actuar en consecuencia y a su vez tomar compromisos y ejecutar acciones que antes no le eran posibles. Cuando estos compromisos no se cumplen en tiempo y forma, necesariamente tienen efectos sistémicos, ya que afectan a mucha más gente de las que específicamente estuvieron involucradas en el primer compromiso.

Cuando tomamos conciencia del efecto multiplicador que tienen para nosotros y nuestro entorno los compromisos que asumimos, nos damos cuenta que la impecabilidad en el cumplimiento de los mismos impacta no sólo en nuestra efectividad, sino también en nuestra imagen pública, en la construcción de confianza y en la calidad de nuestros vínculos.

15. Cuando sea necesario, establezca "metacomunicación"

Llamamos "metacomunicación" a la acción de establecer una conversación acerca del tipo de comunicación que tenemos con otra persona.

Es importante tener presente que en toda conversación conviven dos aspectos: una "dimensión operativa" que tiene que ver con el contenido de lo que se dice con un objetivo determinado, y una "dimensión relacional" en la cual establecemos qué tipo de vínculo tenemos con nuestro interlocutor y cuál es el clima y la emocionalidad de la conversación. Muchas veces confundimos ambas dimensiones y discutimos por el contenido, cuando en realidad lo que se está dirimiendo es la relación.

Cuando consideramos que el tipo de comunicación que tenemos con alguna persona no es satisfactorio, cuando la relación que estamos estableciendo no nos posibilita la concreción de nuestros objetivos o está deteriorando nuestra calidad de vida, es fundamental que generemos una conversación acerca de la comunicación que estamos teniendo.

Cualquiera sea el vínculo de que se trate, ya sea un amigo, nuestro jefe o nuestra pareja, cuando consideramos que la relación no es satisfactoria, siempre podemos comunicarnos acerca de nuestra comunicación.

Un anciano peregrino recorría su camino
hacia las montañas del Himalaya en lo más crudo del invierno.
De pronto se puso a llover.
Un posadero le preguntó: "¿Cómo has conseguido llegar hasta aquí con este tiempo de perros, buen hombre?".
Y el anciano respondió alegremente:
"Mi corazón llegó primero y al resto de mí le ha sido fácil seguirle".

Anthony De Mello

Bibiliografía

Austin, John, *Cómo hacer cosas con palabras*, Paidós, Barcelona, 1982.

Bandler, Richard, *Use su cabeza para variar*, Cuatro Vientos, Bs. As., 1985.

Bateson, Gregory, *Pasos hacia una ecología de la mente*, Lohlé – Lumen, Bs. As., 1998.

Battram, Arthur, *Navegar por la complejidad*, Granica, Barcelona, 2001.

Bohm, David, *Sobre el diálogo*, Kairós, Barcelona, 2001.

Brown, Harold: *La nueva imagen de la ciencia*, Tecnos, 1988.

Budd, Matthew y Rothstein, Larry, *Tú eres lo que dices*, EDAF, Madrid, 2000.

Capra, Fritjof, *El punto crucial*, Editorial Estaciones, Bs. As., 1992.

Cayrol, Alain y Saint Paul, Josaine, *Mente sin límites La Programación Neurolingüística*, Robin Book, Barcelona, 1994.

Cebeiro, Marcelo, *La Buena Comunicación Las posibilidades de la interacción humana*, Paidós, Barcelona, 2006.

Cudicio, Catherine, *PNL y Comunicación*, Granica, Barcelona, 1992.

Duarte, Aníbal y otros, *Psicología Cognitiva y Filosofía de la mente,* Alianza Editorial, Bs. As., 2003.

Echeverría, Rafael, *Ontología del Lenguaje,* Dolmen, Santiago, 1994.

Fernández López, Javier, *Gestionar la confianza,* Prentice Hall, Madrid, 2002.

Flore, Fernando, *Creando organizaciones para el futuro,* Dolmen / Granica, 1994.

Goleman, Daniel, *La Inteligencia Emocional en la Empresa,* Vergara, 1998.

Grinder, John y Bandler, Richard, *La Estructura de la Magia,* Cuatro Vientos, 1988.

Knight, Sue, *La Programación Neurolingüística en el trabajo,* Sirio, Málaga, 1995.

Kofman Fredy, *Metamanagement,* Granica, Bs. As., 2001.

Maslow, Abraham, *El management según Maslow,* Paidós, Barcelona, 2005.

Maturana, Humberto y Varela, Francisco, *El árbol del conocimiento,* Editorial Universitaria, Chile, 1984.

Maturana, Humberto y Nisis, Sima, *Formación Humana y Capacitación,* Dolmen, Santiago, 1995.

Maturana, Humberto, *La Objetividad, un argumento para obligar,* Dolmen/Granica, 1997.

Morin, Edgar, *La mente bien ordenada*, Seix Barral, Barcelona, 2001.

Muchielli, Alex, *Psicología de la comunicación*, Paidós, Barcelona, 1995.

O'Connor, Joseph y McDermott, Ian, *Introducción al pensamiento sistémico*, Urano, Barcelona, 1998.

O'Connor, Joseph y McDermott, Ian, *PNL para Directivos*, Urano, Barcelona, 1996.

Plasencia, Juan José, *Vive tus emociones*, Urano, Barcelona, 2006.

Postman, Neil, *Crazy Talk, Stupid Talk*, New York: Delacorte Press, 1976.

Rogers, Carl, *El camino del ser*, Kairós, Barcelona, 2005.

Rosenberg, Marshall, *Comunicación no violenta*, Gran Aldea, Bs. As, 2006.

Searle, John, *Actos de habla*, Cátedra, Madrid, 1980.

Senge, Peter, *La Quinta Disciplina*, Granica, Bs. As., 1992.

Serebrinsky, Horacio, *Un viaje circular – De la psicología social pichoniana a la teoría sistémica*, De los cuatro vientos, Bs. As., 2009.

Schein, Edgar, *Psicología de la Organización*, Prentice Hall, México, 1982.

Stone, Douglas y otros, *Conversaciones difíciles,* Norma, Bogotá, 1999.

Waistein, Martín, *Comunicación, un paradigma de la mente,* Eudeba, Bs. As., 1999.

Waistein, Martín, *Intervenciones para el cambio,* JCE Ediciones, Bs. As., 2006.

Watzlawick, Paul y otros, *Teoría de la comunicación humana,* Editorial Tiempo Contemporáneo, Bs. As., 1971.

Watzlawick, Paul, *El Lenguaje del Cambio,* Herder, Barcelona, 1994.

Watzlawick, Paul y Cebeiro, Marcelo, *La construcción del universo,* Heder, Barcelona, 1998.

Watzlawick, Paul y Cebeiro, Marcelo, *Ficciones de la realidad. Realidades de la ficción Estrategias de la comunicación humana,* Paidos, Barcelona, 2008.

Acerca del autor

Oscar Anzorena es Licenciado en Comunicación y cursó estudios de posgrado en Transformación Organizacional, y en Administración y Planeamiento Estratégico.

Es Coach Organizacional y Master en Programación Neurolingüística. Se capacitó en "Psicología Guestáltica" en el *American Psychological Institute*, California, USA, en "Ontología del Lenguaje" con Rafael Echeverría, en "Biología del Conocimiento" con Humberto Maturana, en "Constelaciones Sistémicas" con Eduardo Fain y en "Psicología Transpersonal" con Virginia Gawel.

Está certificado como "Master Coach Profesional" por la Asociación Argentina de Profesionales de Coaching y es Miembro Fundador del Capítulo Argentino de la *International Coach Federation* (ICF).

Es director de DPO Consulting – Desarrollo Personal y Organizacional, donde brinda servicios a empresas e instituciones a nivel nacional e internacional y dirige el Programa de "Formación y Certificación en Coaching Organizacional" que está avalado por la *International Coach Federation* (ICF).

Como consultor se ha especializado en la gestión y el desarrollo del factor humano en las organizaciones. Como instructor y coach trabaja junto a personas y equipos para el mejoramiento de sus niveles de desempeño y en el logro de sus objetivos.

Ha publicado numerosos artículos sobre temas de liderazgo, coaching, comunicación y gestión empresaria. Es columnista de la revista *Gestión y Competitividad*.

Actualmente dicta la materia "*Coaching y Consultoría de Procesos*" en la Maestría en Psicología Empresarial y Organizacional de la Universidad de Belgrano y es profesor en la Escuela de Negocios de la Universidad Católica Argentina.

Realizó actividades como docente en el Instituto Tecnológico de Buenos Aires (ITBA), en la Universidad de Palermo, en la Escuela de Negocios del Instituto de Desarrollo Empresarial Argentino (IDEA) y en la Fundación Bolsa de Comercio de Buenos Aires. Diseñó y dirigió el Programa de Posgrado en "Coaching Ontológico" en la Facultad de Psicología de la Universidad Buenos Aires (2004/07).

Como experto en capacitación gerencial fue Coordinador Académico del Programa de Formación en Alta Gerencia en el Instituto Nacional de Administración Pública (INAP).

Es socio activo de la Asociación Argentina de Profesionales del Coaching y miembro de la Asociación de Recursos Humanos de la Argentina y de la Asociación de Desarrollo y Capacitación de la Argentina.

www.dpoconsulting.com
oscar@dpoconsulting.com